新海誠
国民的アニメ作家の誕生

a pilot of wisdom

目次

第二章　モーションからエモーションへ——美しすぎる世界を前に、私たちは燃料になる

新海誠は、あえて人間を描かない
アニメーションで「泣ける」ことはいかにして普通となったか
二〇世紀のアニメーションのスタンダード
——生き生きとした動く生命
人間よりも背景が生きている
モノローグ的な世界
宇宙へと響き渡る独り言
世界や自分に意味を見出したい、見出してもらいたい
シンクロすることは気持ちいい
人間を「動物」として捉える

第三章　国民的ヒット作『君の名は。』

――器としての人間

まえがき

世界のアニメーション史から考える、「なぜ新海誠は国民的作家になったのか?」

本書は、日本を代表するアニメーション作家である新海誠について、少し変わった観点からその魅力を解明しようと試みます。

みなさんは、新海誠という作家に、どのようなイメージをお持ちでしょうか。


いま日本で一番有名なアニメ監督?

「泣ける」アニメばかり作る人?

まるでミュージック・ビデオみたいなアニメを作る人?

やたらときれいな背景を描く人？

おそらく、さまざまな印象を持たれていると思います。

新海誠は二〇一六年に公開された『君の名は。』で、一気に注目を集めるようになりました。本作は公開当時、宮崎駿《はやお》の『千《せん》と千尋《ちひろ》の神隠し』に続く日本映画史上第二位となる興行成績を収めます（本書を執筆している二〇二一年九月時点では『鬼滅《きめつ》の刃《やいば》』が第一位となっており、『君の名は。』は第三位）。

二〇一三年、『風立ちぬ』の完成後に宮崎駿が引退宣言をして、スタジオジブリの制作部門が解体された後、「ポスト宮崎駿」「ポストジブリ」をめぐる議論が白熱しましたが、そういった時期であったことも、新海誠への注目を高めることになったといえます（ちなみに宮崎はその後、引退を撤回しています）。

二〇一九年に公開した『天気の子』も、興行収入一四〇億円を超える大ヒット。いまとなっては、日本を代表するアニメーション監督、まさに「国民的作家」ともいうべき存在となっています。

『君の名は。』以前からコアなアニメーション・ファンのあいだでは大きな支持を受けていた新海誠ですが、そのキャリアはかなり異色です。宮崎駿や庵野秀明《あんのひであき》、細田守《まもる》のような日本の有名なアニメーション作家と異なり、アニメ業界でアニメーターなどのキャリアを積まずいきなり監督になった人物なのです。

新海誠は、いかにして国民的作家になりえたのか？　本書ではそれを「世界のアニメーション史」から考えていきます。

なぜ、日本ではなく、世界のアニメーション史なのか。それは筆者である私の経歴に由来しています。ここで、少し自己紹介をさせてください。

筆者について

私は「ニューディアー」という会社（株式会社ですが、妻とふたりでやっているとても小さな会社です）の事業を通じて、読者のみなさんが想像するような「アニメ」とは少しばかり異なった、あまり見慣れないタイプのアニメーションをいろいろなかたちで「紹介」しています。

たとえば、海外の素晴らしいアニメーションを買い付けて日本の映画館で上映したり、世界中のアニメーションが集まる国際アニメーション映画祭の企画や運営をしたり、執筆や講演、トークイベントへの出演を通して最近のアニメーションについての知見を提供したり、日本の優れた作家が新しい作品を世に生み出せるようにプロデュースをしたりと、その方法はさまざまです。

アニメーションと言えばたくさんの人が集まって絵を描いて……と想像する人も多いと思いますが、私が関心を持っているのは「個人作家」と呼ばれる人たちによるアニメーション作品です。そもそも私がアニメーションの世界に関わるようになったのは、ロシアのアニメーション作家ユーリー・ノルシュテインの作品との出会いによるものでした。大学のロシア語の授業で『話の話』（一九七九年）という作品を観《み》て、いままで自分がアニメーションだと理解していたものとは別種のものと出会ってしまった！と、頭を殴られるような衝撃を受けたのです。

その作品は、監督であるノルシュテインを中心に、わずか数名のスタッフで作られているものでした。大学から大学院に進学し、ノルシュテインの研究をするなかで、世の中にはたくさんの同種のアニメーション――集団制作ではなく、少数精鋭のスタッフもしくは個人制作で、ひとりの作家のビジョンを映像化するかのようにして作られたパーソナルな雰囲気を持った作品――があり、世界中で、しかも現在進行形で作られていることを知り、そういった作品の魅力を世に伝えたいと考えました。

そうした経験をきっかけに、日本で活動する個人制作のアニメーション作家たちと組んでレーベルを作ったり、そういった作家の作品を海外の映画祭で紹介したりしてきました。そして大学院を修了したのち起業をして、個人的で小さな作品をさまざまなかたちで紹介する各種事業をやって、細々と生計を立てています。

二〇一四年には、世界でも稀《まれ》な「空港内映画祭」として注目を集める「新千歳《しんちとせ》空港国際アニメーション映画祭」の立ち上げに関わり、二〇二一年までディレクター職（映画祭の内容面を決める人）を担当しました。二〇二二年からは、広島で新しく立ち上がった映画祭「ひろしまアニメーションシーズン」のプロデューサー（映画祭全体の方針を決め、運営の責任者となる人）をしています。こういった映画祭の仕事は、世界中を飛びまわる経験でできた知見と人脈をフル活用しながら、頑張っています。

二〇一六年からは、だいたい二〜三年おきに海外の長編アニメーション作品を日本の映画館に配給しています。最初に配給したブラジルの長編アニメーション『父を探して』(アレ・アブレウ監督、二〇一三年)は、アカデミー賞長編アニメーション部門にノミネートされるなど、大きな話題を呼びました。

二〇一八年頃からは、海外のスタジオと組んで、日本の面白い若手個人アニメーション作家の新作を世に送り出すプロデュース業にも力を入れています。初めて完成した短編作品『不安な体』(水尻自子《みずしりよりこ》監督)は、二〇二一年のカンヌ映画祭監督週間でプレミア上映され、ありがたいことに世界中でいくつもの賞をいただいています。二本目の作品『半島の鳥』(和田淳《あつし》監督)も二〇二二年のベルリン映画祭短編部門でプレミア上映され、スペシャル・メンション(特別表彰)を獲得しました。和田監督とはゲーム『マイエクササイズ』(二〇二〇年リリース)も作り、日本のゲーム実況系ユーチューバーのみなさんに愛してもらいました(現在、プレイ動画は二〇〇万回以上再生されています)。

本も、前述のノルシュテイン作品の研究書『個人的なハーモニー　ノルシュテインと現代アニメーション論』(フィルムアート社、二〇一六年)を皮切りに、「個人作家」が現代のアニメーションを理解するためにいかに重要かを書いた『21世紀のアニメーションがわかる本』（フィルムアート社、二〇一七年）、二〇一〇年代にさまざまな媒体から依頼を受けて書いた文章を集めた『私たちにはわかってる。アニメーションが世界で最も重要だって』（青土社、二〇二一年）を出しています。本書は、これらの本に続く四冊目の単著で、初めての新書になります。

本書ならではのアプローチ

ここまで私の経歴を紹介してきましたが、簡単に言えば「知られざる」アニメーションをメインに扱うのが私の仕事であるといえます。

そんな私がなぜ、日本人であれば誰もが知っている新海誠についての本を書くことになったのでしょうか。身もふたもない理由を言えば、「集英社新書の編集者に依頼されたから」ということになります。

私自身、最初に企画書を見た時には、戸惑いました。ここ数年は日本のいわゆる「アニメ」作品について論評を書くことも多く、歴史ある「キネマ旬報《じゅんぽう》」誌では近年、毎年のアニメーションの状況をまとめるような座談会にも参加しつづけていますので、日本の「知られている」アニメーションについても、それなりに知ってはいました。しかし、自分の専門はあくまで「海外寄り」であり、日本のアニメーションも熱を込めて語れるのは個人作家のことでしたから、詳しいライターも専門家も多いであろう日本アニメ、とりわけいまをときめく新海誠という存在について、自分が何かを書く資格はあるのだろうか？と、依頼を受けるかどうか、正直、迷いました。

それでも担当編集の吉田隆之介さんと話すなかで、前述したような自分自身の経歴があるからこそ書ける、ユニークな新海誠論がありえるのではないかと思いはじめました。

私は、アニメーションの新しい動向に興奮を覚えるたび、それを伝えたい！と思い、いろいろな事業を興してしまうタチなのですが、新海誠を軸に本を書くと、それがとても鮮やかにできてしまうことにも思い当たりました。

一九世紀末から二〇世紀初頭の時期に生まれたアニメーションは、二〇世紀、集団制作を中心に発展していきましたが、二一世紀になり、アニメーション制作がデジタル化していくなかで大きな地殻変動が起こり、次々と新しい動向が生まれてきています。その変動の歴史を新海誠の作品をベースに考えると、とてもわかりやすく説明できてしまうと気づいたのです。

そもそも、新海誠の作品は（全部とは言わないですが）、個人的にとても好きでした。とりわけ、二〇〇七年に公開された『秒速5センチメートル』には大きな衝撃を受けたことを覚えています。当時はまだいわゆる日本的な「アニメ」作品にはあまり興味を惹《ひ》かれず、パーソナルなリアリティを描く個人制作作品こそがアニメーションの最上級であるという頑《かたく》なな信念があったのですが、『秒速5センチメートル』は、見た目こそいわゆるアニメっぽさはあったものの、そこで描かれる孤独感、そして同時代のカルチャーを生々しく吸収したかのようなあり方に、異様な迫力を感じたのでした。なにより、主人公の貴樹《たかき》のナルシスティックな厨二病《ちゅうにびょう》感が、まだ若かった自分自身の心に深く突き刺さりました。いまはなき「シネマライズ」という渋谷パルコそばの映画館で観た記憶もしっかりと残っています。渋谷系カルチャーの拠点のような場所でアニメ作品がかかるのも、とても珍しいことでした。

また、私が主に専門とするのは短編のアニメーションですので、二〇一三年の『言《こと》の葉《は》の庭』が上映時間四〇分台の中編という比較的短い尺であることにも好感を持ちましたし、劇場公開とビデオ発売、さらに当時はまだ珍しかったデジタル配信を同時に行うという戦略にも唸《うな》らされました。

『君の名は。』で大ブレイクした時にも、「彼のこと（作品）は昔から知っているけどこんなにヒットするとは思っていなかった」ということを訳知り顔で言えるくらいには、気になっているアニメーション作家ではあったのです。『君の名は。』自体にもかなりの衝撃を受けました（びっくりしすぎて、試写にも二回行ってしまいました）。東宝の試写室で観た後、「これはとんでもなくヒットするかも」という旨のツイートを東京交通会館地下の「ひょっとこ」というラーメン屋に並びながらした時、自分にしてはものすごい勢いでリツイートと「いいね」がつき、慌てふためいてせっかくのおいしいラーメンの味があまり入ってこなかったというどうでもいい思い出もあります。

なによりも、新海誠は、私が専門としている「個人作家」出身なのです。自分になら書けることが、間違いなくあると確信し、本書を書くことに決めました。

私は日本の「アニメ」作品の専門家ではありませんから、日本のアニメーション史上における新海誠の特異性を知りたい方には、もしかしたら「直接的には」お応えできないかもしれません。しかし、私自身の目論見《もくろみ》としては、日本アニメの変遷も大局的に見れば網羅できてしまえるものを目指したいですし、アニメーションの歴史、とりわけ表現するもの・してきたもののダイナミックな変遷を、新海誠作品の分析を通じて感じてほしいとも思っています。

新海誠作品の魅力を言葉でお伝えするのはもちろんのこと、「アニメーションとは何か」「アニメーションには何が描けるのか」という問いについても、いくつかの答えを出したいです。

それによって、みなさんのアニメーションを観る体験が、より豊かなものになってくれれば、それに勝る喜びはありません。

序章　新海誠を振り返る

新海誠とはどのような人物か

ここでまず、本書の主役である新海誠について、簡単にその経歴を振り返ってみましょう。

新海誠は、一九七三年に長野県の建設会社を営む家に生まれました。『君の名は。』に登場する「テッシー」（主人公のひとりである三葉《みつは》の友人）の実家が建設会社であったのは、自身の経歴も反映されているのかもしれません。

大学を出た後は、家業を継ぐことを期待されながらもゲーム会社に就職し、ゲームソフトのパッケージデザインやトレイラー（予告）制作、果てはゲーム本編のオープニング映像など、さまざまな制作物を作る仕事をしていました。そして仕事が終わった後、自分自身の作品の制作をするという「自主制作」時代を長く過ごしました。

いま日本の「アニメ」業界で活躍している人たちのほとんどは、業界にまずは下っ端として入り、下積み時代を過ごしながら、次第に要職を任されていくルートを辿《たど》る人がほとんどです。宮崎駿も細田守も、元々はアニメーターからキャリアをスタートさせています。

一方で、新海誠はそれとは異なる道筋を辿っています。そしてそれこそが、彼の作品の革新性をかたち作る大きな要素となっているのです。彼は、業界とは関わりのない「個人作家」として、いきなり「監督デビュー」し、なおかつヒットも飛ばしました。

新海誠の名前が業界内で一気に知れ渡ることになったのは、二〇〇二年の『ほしのこえ』という二五分の短い作品です。本作が、インディペンデントの才能をピックアップすることを使命に掲げた下北沢のトリウッドという映画館で公開されると、作品を観た観客が感動して評判が広がっていき、同館の歴史を塗り替えるような大ヒットになりました。『ほしのこえ』の売り文句となっていたのが、「ひとりでアニメを作った」ということでした。本作をものすごくざっくりまとめると、「少女が主人公のロボットアニメ」です。日本アニメの一ジャンルとして確立していたものでした。そして、ロボットの戦闘にはCGも使われている。この種の作品は、普通であればたくさんのスタッフによって作られるわけですが、本作はなんと新海誠たったひとりで作られている（声優と音楽は別の方がやっているので厳密に言うと完全にひとりではありませんが）……そういった事実が衝撃として受け止められ、作品自体の評価とはまた別に、キャッチーな売り文句として広められていきました。

少年少女の恋愛と地球の命運についての物語が重なっていく展開ゆえに、一九九〇年代から流行《はや》っていた「セカイ系」――テレビアニメ『新世紀エヴァンゲリオン』（庵野秀明、一九九五―九六年）や漫画『最終兵器彼女』（高橋しん、二〇〇〇―〇一年）など個人間の（恋愛などの）小さな話が社会という中間をすっとばして世界の話につながっていく物語のフォーマット――の一派としても捉えられ、コアなファンたちからの圧倒的な評価を生み出すことにつながっていきます。本作のDVDの売上は一〇万枚以上で、個人制作作品としては異例のものとなりました。

『ほしのこえ』の大ヒットを受けて、新海誠は専業のアニメーション作家になっていきます。『ほしのこえ』のDVDを扱ったことがきっかけとなって新海誠の才能に惚《ほ》れ込んだ伊藤忠商事の社員、川口典孝《のりたか》が、マンツーマンでその活動をサポート。川口は伊藤忠商事から出向先のコミックス・ウェーブに転籍し、後には個人で億単位の借金をして事業をMBO（マネジメント・バイアウト）し、コミックス・ウェーブ・フィルムとして、新海誠の制作を支えつづけています。

そのような体制のもと、新海誠はコンスタントに作品を発表していきます。初の長編となる『雲のむこう、約束の場所』（二〇〇四年）、現代の日本を舞台にした短編三部作によって構成される長編『秒速5センチメートル』（二〇〇七年）、本格的にファンタジーに取り組んだ長編『星を追う子ども』（二〇一一年）。そして日本最大級の映画会社である東宝の映像事業部が配給についた中編『言の葉の庭』（二〇一三年）のリリースによって、制作規模としては小規模ながらも国内のみならず海外も含め、新海誠は熱狂的なファンを獲得していくことになります。

順調にキャリアを重ねていった新海誠は、二〇一六年の『君の名は。』で東宝の売れっ子プロデューサー川村元気《げんき》を迎え、東宝も出資に参加。本作は周知のとおり破格なまでの大ヒットを記録します。

二〇一九年には再び東宝とコミックス・ウェーブ・フィルムが組んで製作した『天気の子』も、大ヒット。本書を執筆している時点では、『すずめの戸締まり』を制作中で、二〇二二年一一月一一日に公開される予定です。

また余談ですが、新海誠の娘である新津《にいつ》ちせも、子役やミュージシャン（二〇一九年に『パプリカ』でレコード大賞を受賞したFoorin《フーリン》の一員でした）として活躍しています。

初期作品を振り返る――『彼女と彼女の猫』から『星を追う子ども』まで

続いて、それぞれの作品について、少し詳しく見ていきましょう。現在視聴可能な作品のみ取り上げることにします（一九九七年の短編、『遠い世界』など最初期の作品については現在正式には観ることができません）。

『彼女と彼女の猫』（**一九九九年**）は、とある若い女性の物語が、拾われた猫の視点から語られます。本作は第一二回CGアニメコンテストでグランプリを受賞しています。当時、自主制作の流れが日本でも盛り上がりを見せるようになっていた時代、そのなかでも突出した出来の作品として捉えられていたのです。

本作は全編にわたってナレーション・ベースで物語が進みますが、（わずかに入る「彼女」の声を除き）新海誠本人が声を担当しています。映像も、人間を真正面から描くことを回避し、「彼女」の住む部屋やその近辺の日常的な風景を美しく切りとり、それを連鎖させていくかたちで構成されています。人間の存在感が薄く、寂しくもエモーショナルなピアノが鳴り響き、ボソリと少しずつ静かに声が紡がれていくなか、叙情的に風景が映されていく……新海誠特有の演出とでもいえるような要素は、本作ですべて出揃《でそろ》っているようにも思えます。

ちなみに『彼女と彼女の猫』は、二〇一六年にテレビアニメ版としてリメイクされています。オリジナルのように個人制作ではなく、スタジオでの集団制作で作られているリメイク版は、同じ物語を語っているのに、アプローチが正反対で、その比較をしてみると面白いです。とにかく「人がいない」オリジナルと比べると、リメイク版はキャラクターが中心となっています。オリジナル版であれば、「人がいない」余白のなかに、観客は自分自身を投入する余地があるわけですが、一方でリメイク版では、キャラクター同士が繰り広げるドラマとして展開され、ある意味において観客は傍観者の位置に置かれます。

新海作品では、一般的なアニメーションでは当たり前のように存在している「キャラクター」が不在になることで、観客がその世界のなかに自分自身を見出《みいだ》してしまうような仕掛けが、随所に用意されているのです。それもまた、個人制作という出自がもたらしたものなのですが、詳しいことは本編にてお話しします。


続く作品『**ほしのこえ**』（二〇〇二年）は、中学の同級生だったふたり、ミカコとノボルの「遠距離恋愛」の物語と、ミカコがその一員として選ばれた艦隊が宇宙で地球外生命体と交戦する物語が絡み合うように語られます。前作『彼女と彼女の猫』は日常を語る現代劇でしたが、『ほしのこえ』は近未来（設定としては二〇四六年〜）の物語で、ＳＦロボットアニメという「ジャンルもの」になっています。

ただ一方で、本作における「ロボットアニメ」は、ある意味であまり「ちゃんとしていない」ものでもあります。『宇宙戦艦ヤマト』『機動戦士ガンダム』『新世紀エヴァンゲリオン』……日本アニメにおけるロボットアニメは、相当に分厚い歴史があります。そしてこれらの作品は、ある種のミリタリー主義が色濃く、メカや兵器の描写には「正確さ」のようなものがある程度重視されています。

それに比べると、『ほしのこえ』にとって、「ロボットもの」というジャンルは、あくまで「舞台装置」を提供しているにすぎません。また政治や軍事、兵器としてのリアリティなど実際の戦争に関わることもあまり描かれていません。そのかわり、SFロボットアニメをあくまで「形式」として用いることで、遠くへと引き離された恋人たちの孤独を描くことを重視しているように思えます。ミカコとノボルは「ピッチ（PHS）」でメールを送り合いますが、ミカコの所属する艦隊がワープを繰り返すたびに、ふたりの距離は光速でも追いきれないものになり、やりとりに大きな時差が生まれていきます。

『彼女と彼女の猫』に比べると、本作では、メインとなるふたりのキャラクターはしっかりと顔が映ります。しかしおそらくそのふたりの外見以上に観客の印象に残るのは、無人の風景でしょう。誰もいない教室、ノボルが見上げる空、ミカコが訪れる無人の惑星……前作以上に描き込みの密度は増し、風景は美麗に輝き、そこに差し込む光の使い方も抜群にうまく、魅了されてしまいます。無人の背景の美しさが、またしても寂しさをカタルシスのレベルにまで高めるのです。

『ほしのこえ』のヒットを経て、新海誠は満を持して初長編『**雲のむこう、約束の場所**』(二〇〇**四年**)を完成させます。個人制作ではなく、一般的なアニメ同様に、集団制作による分業で作られた作品です(これ以降、新海誠はすべて分業でアニメーションを制作しています)。

『雲のむこう、約束の場所』は、北海道と本州に分割統治された日本を舞台に、青森に住む藤沢浩紀《ひろき》、白川拓也という ふたりの男子中学三年生と、同級生の女子中学生の沢渡佐由理《さわたりさゆり》の三人の関係を描いていきます。語られる物語が比較的シンプルだった前作までと比べて初めて長編に取り組んだ本作は、設定もドラマも複雑で、孤独感を描くというより物語を語るという方向性にシフトしているように思えます。

言ってしまえば「新海誠なりの〈普通の〉アニメ作品」といった趣になっており、本書で注目するような個人作家出身ゆえのユニークさ(既存のアニメーションとの差異化)は、あまり見出せません。

一転、その次作である『**秒速5センチメートル**』(二〇〇七年)は、現代劇になっています。『ほしのこえ』『雲のむこう、約束の場所』と続いたSF的な設定は消え、現代日本のいくつかの場所を舞台とする連作短編による長編、という少し変わった構成です。

第一話「桜花抄《おうかしょう》」は、東京で同じ小学校に通っていた遠野貴樹と篠原明里《あかり》のあいだの物語です。親の都合でまず明里が栃木へ引っ越し、その後貴樹も鹿児島(種子島)へと居を移すことが決まったことから、遠く離れてしまう前に、貴樹は栃木まで明里に会いに行きます。記録的な大雪に見舞われながらもなんとか出会うことができたふたりは、おそらく両者にとって忘れられない思い出となるような時間を過ごします。

第二話「コスモナウト」では、貴樹の種子島での高校時代の物語が語られます。明里は直接的には登場せず、そのかわり、貴樹に思いを寄せる澄田《すみだ》花苗《かなえ》からの視点で、ふたりのあいだの微妙な距離が語られます。花苗は貴樹に告白しようとするのですが、その日は種子島宇宙センターでロケットの打ち上げがある日でした。その壮大な打ち上げの光景を見たふたりは、自分が思いを寄せる人――花苗にとっては貴樹、貴樹にとっては花苗以上に明里――への「届かなさ」を改めて思い、ふたりの距離は縮まらないままに（心理的には遠く離れて）終わります。

第三話「秒速5センチメートル」は、社会人となった貴樹の様子が描かれます。仕事に疲れ、恋人からも別れを告げられた貴樹は、会社を退職します。貴樹はいまだに、明里の姿を追い求めていることがわかります。一方で明里は、恋人との結婚が決まり、家族のもとを離れ、東京へと出てきます。東京でふたりはニアミスをしますが、出会うことはありませんん。山崎まさよしの「One more time, One more chance」が流れ、『秒速5センチメートル』は終わります。

背景の美麗さは本作において極限にまで達します。小田急線沿線、栃木の田舎の駅、種子島、新宿といった物語の舞台は、写真を元に起こされた背景によってリアルさを高められ、叶《かな》わぬ恋愛という誰もが共感できそうな題材が取り上げられていることもあり、現代の観客にとって、「自分たちの物語」として受け止めやすいものとなっているのです。

『彼女と彼女の猫』『ほしのこえ』は、「動きからの離脱」「人間の不在」によってアニメーションに新しい動向を生み出しましたが、『秒速5センチメートル』もまた、ゲームチェンジャーとしての性質がありました。それが何かと言えば、アニメーションを現実からの逃避の手段として考えるのではなく、アニメーションによってこそ現実は輝かしいものとして捉えうるということを示す作品としての新しさです。

ビジネス的な観点から言えば、現在では当たり前になった「聖地巡礼」へとつながる方向性であったと思いますし、アニメーションの表現史的な観点からすると、二〇世紀に個人作家が「パーソナルなビジョン」の具現化の手段として、つまり個人のフィルターを通して捉えた現実を映像化する手段としてアニメーションという可能性を発見したことが、本作によってメインストリーム化していったとも考えられるものでした。

新海誠は、とあるインタビューにて、自分の作品が、現代を生きる人たちにとっての絆創膏《ばんそうこう》のようなものになってほしい、と発言しています（註一）。現実を生きることで傷つき悲しみを覚える人がいるとして、その「傷の治り」をちょっとだけ早くすることができると考えているというのです。それは、アニメーションのファンに対して、現実とは別の世界へと逃げ道を用意するのではなく、現実のなかで生きることを後押ししようとするものであるという意味においても、非常に大きな変化であったといえるでしょう。

その次の**『星を追う子ども』**（二〇一一年）は、『雲のむこう、約束の場所』と同じく、「アニメ」的な作品となりました。『雲のむこう、約束の場所』はエヴァンゲリオンの影響が透けて見えるものですが、少女が主人公で、現実からファンタジーの世界へと入り込んでいく本作は、スタジオジブリの作品を想起させます。それは本書の視点からすると、新海誠の出自を裏切るような展開に思えますし、実際、本作は賛否両論がはっきりと分かれるものになっています。

いま改めて本作を観ていると、死の空間や自然をどう表現するのか、という点で、現在の新海誠にもつながる部分が見えてきます。日本神話にもつながっていくような、神道的な世界観が見えるのです。新海誠と日本というテーマは、考えてみる甲斐《かい》のあるものだと思いますが（新海作品における古典文学の引用の仕方、神社をはじめとする神道のモチーフなど）、本書ではそこにはあまり深入りしないようにします。

国民的作家への足取りを振り返る――『言の葉の庭』『君の名は。』『天気の子』

『星を追う子ども』後の新海誠作品は、すべて現代の日本が舞台となります。

『君の名は。』による大ブレイクの前に作られた『言の葉の庭』(二〇一三年)は、とても重要な作品です。本作は、新宿御苑《ぎょえん》(とおそらくそのそばにある都立新宿高校)を舞台のモデルとして、靴作りの職人を目指すタカオ(雨の日になると授業をサボり御苑で靴のデッサンに励む高校生です)と、教え子からのいじめにより心身に不調をきたして学校に行けなくなった古典教師のユキノのあいだの関係性を描きます。

年上の女性との恋愛関係というモチーフは、(少しトリッキーな形で)『君の名は。』と『天気の子』にも引き継がれていきます。タカオとユキノの関係が近づいていくなかで、靴職人を目指す設定を活《い》かしながら、「足フェチ」的な描写も濃密に展開され、こちらもまた、『君の名は。』における口噛《くちか》み酒《ざけ》や『天気の子』における未成年たちのラブホテルのシーンなどの、物語の筋とは特に関係なく何かを掻《か》き立てるようなシーン設定と連なるものとなっています。新宿が舞台(のひとつ)となる現代劇という意味でも、本作は「ブレイク前」の肩慣らしのような要素が強く感じられます。

本作の尺は四六分と、いわゆる「中編」と呼ばれるフォーマットです。初期の短編作品よりは長さがありますが、それでも長編作品に比べると規模が小さく、商業的には扱いづらいと考えられがちです。しかし、本作は独特な公開戦略によって成功を収めます。配給の部分で初めて東宝の映像事業部と組み、これまでの作品よりも公開規模を広げつつも、公開と同時にＤＶＤを売り、さらにはiTunesでの配信販売もするという「多チャンネル」の展開をしたのです（私自身、iTunesで購入して鑑賞しました）。

後に私が川口プロデューサーとお話しした時には、この戦略について、「お祭りを作る」と言っていました。元々熱狂的なファンの多い新海誠作品の新作を、多くの人がアクセスできるようにすることで、ＳＮＳを中心とした口コミが一気に広がるようにしたわけです。新作映画の一般的な公開形態は、最初に劇場公開をして、その後しばらく経《た》ってからＤＶＤを発売する、というものでしたが、その常識を覆す「一点突破」をしたのです。

そんなふうに『言の葉の庭』で東宝との提携が成功したという前例があったものの、

『君の名は。』（二〇一六年）が東宝の夏の目玉作品として発表され、なおかつ同社の売れっ子プロデューサーの川村元気も関わると報道された時には、非常に驚いた記憶があります。東宝の夏休みのアニメ映画と言えば、細田守の新作など、数十億円の興行収入を目指すような規模だからです。結果的に『君の名は。』はさらにひと桁多い超大ヒットになったわけですが、『言の葉の庭』以前の新海誠作品は、最大のもので一億円台という興行成績であり、熱狂的なコアファンに支えられる作家というイメージだったので、ライトなファンも取り込むことに想像が及ばなかった、ということがあります。

『君の名は。』は、東京に暮らす男子高校生の瀧《たき》と田舎に暮らす女子高校生の三葉が入れ替わってしまうコメディのようなかたちで始まります。『ほしのこえ』はアニメの定番ジャンルを換骨奪胎したのですが、今回の場合は、大林宣彦《のぶひこ》監督の名作『転校生』（一九八二年）などティーン向けのヤングアダルト文学の定番設定を持ち込んでいます。

しかし、実はその入れ替わりにはきわめてシリアスな意味があったことが、後から判明します。三葉が暮らしていた糸守町《いともりまち》は彗星《すいせい》の隕石《いんせき》落下で消滅してしまい、三葉をはじめとする町の住民たちの多くはその災害で命を失っていたことがわかります。しかもそれは三年前の出来事であり、瀧と三葉は時空を超えた行き来をしていたのです。そのことに気づいた瀧は、一度は交信の途絶えてしまった三葉とのやりとりをなんとか復活させ、糸守町の住民を退避させることに成功します。

本作のこのようなシリアスな設定は、二〇一一年の東日本大震災とそれに続く原発事故を意識したものでしょう。これまでの新海作品は、「セカイ系」的な設定のもと、パーソナルな感情だけにフォーカスを当てていましたが、本作はこのようにして「社会性」を入れることによっても、一気に広がっていくことになります。とりわけ、災害による被害をなかったことにできる、とも読めてしまう結末がかなりの議論を呼びました。

そして『**天気の子**』（二〇一**九年**）は、離島（伊豆諸島の神津島《こうづしま》がモデルであるといわれています）から家出をして東京に出てきた男子高校生の帆高《ほだか》が、ある出来事をきっかけに「晴れ女」の力を身につけた陽菜《ひな》という名の少女と出会い、雨天が続く東京で晴れ女ビジネスを始める、という筋書きの物語です。本作も前半はコメディ調で進んでいきますが、後半は晴れ女としての力の発揮と引き換えに透明化して空へと消えてしまった陽菜を帆高が救う、というシリアスなものへと変化していきます。

本作の設定も、『君の名は。』と同じく現代的な問題を掬《すく》いとるものになっています。陽菜は貧困の真《ま》っ只中《ただなか》にいますし（若年層および女性の貧困問題）、温暖化が原因とされる異常気象で日本でも豪雨による災害が続いていたことや世界的な海面上昇など、気候変動の問題を設定のなかに組み込んでいるのです。『君の名は。』以降の新海作品は、アニメファンだけではなく、現代人誰もが何かしらのかたちで気にしているトピックを入れ込むことによって、広い層へとアプローチすることに成功しているといえます。

ここまで、本書の筆者である私自身と、本書が取り上げる新海誠の経歴、そして新海誠がこれまで発表してきた各作品の概要についてまとめてみました。「前提」が共有できたここからは、私自身による新海誠論を四章にわたって繰り広げていきたいと思います。

註一：「新海誠インタビュー：雑誌では聞けない50の質問」（あにこれ https://www.anikore.jp/

features/shinkai/）や「新海誠監督『皆さんの心のどこかに居場所を』―劇場アニメ『星を追う子ども』初日舞台挨拶」（マイナビニュース、二〇一一年五月七日 https://news.mynavi.jp/article/20110507-hoshi/）などでの発言。

第一章　巨大な個人制作の時代

デジタル化がもたらすアニメーション制作の「民主化」

まず本章では、新海誠のユニークさを、アニメーションの世界における「個人作家」の歴史と照らし合わせながら考えていきたいと思います。

新海誠という作家の誕生には、時代的な背景が大きく影響しています。新海誠がそもそも個人制作を始めることができたひとつの理由は、パソコンです。

新海誠がその名を知らしめることになった二〇〇二年の作品『ほしのこえ』。本作は、「アニメをひとりで作った」ということで話題になりました。分業制で、たくさんの人手が必要なはずのアニメを新海誠がひとりで完成させることができたのは、間違いなくパソコンがあったからです。

アニメーションはかつて、どんなに短いものであろうとも、作るためにはかなりのコストが必要でした。人手、もしくはお金です。いわゆる「アニメ」的なものを作ろうとすれば、紙に作画し、それをセルという透明なプラスチック板にトレースし、さらに色を塗り、撮影して……という手間がかかりました。個人制作で実験的なものを作るのであれば、そのあたりの手間は省けたかもしれませんが、しかし、あらゆる映画がフィルム（やビデオ）だった時代、そこには「現像」の手間や費用がかかりました。セル画、フィルム（ビデオ）。すべては「アナログ」であり、フィジカルなメディアに基づいていたのです。

一方、『彼女と彼女の猫』は、「拡張子が.mov の QuickTime ムービー」（「『天気の子』新海誠のルーツにある Mac と若者へのメッセージ〈新海誠インタビュー01〉」での新海誠の発言。「flick!」二〇二〇年三月六日）でした。それは、パソコンのなかに存在するだけの、フィジカルな実体を持たないメディアです。パソコンを買ったり、ソフトを揃えたりするのにもちろんお金はかかりますが、それさえ揃えてしまえば、あとは自分自身の稼働だけで、

「書き出し」をするだけで、ゼロ円で作れてしまうのです。一九九〇年代終盤から二〇〇〇年代前半にかけて起こったのは、パソコンによる個人制作の隆盛でした。

新しいメディアが出てくることによって、それまではアニメーション（に限らず映画）を作ることができなかった人たちが制作を始めるというケースは、歴史を振り返れば何度も繰り返されたことでした。

戦前はカメラを手に入れることのできた裕福な人たちのなかに、「個人映画」を作る人たちが現れました。一九五〇年代から六〇年代にかけては、一六ミリや三五ミリフィルムで映像の実験と表現を始める人たちがいました。一九七〇年代から一九八〇年代には、八ミリフィルムでの自主映画制作が盛り上がりを見せました（ちなみに若き日の庵野秀明もそのひとりで、学生時代に自主制作で作ったものが注目を浴び、アニメ業界に入っていきました）。ビデオ機材の登場もまた、ビデオアートをはじめとする映像の実験へとつながっていきました。

パソコンの登場は、それよりもさらにラディカルなものでした。パソコンはまず、映像を作るための機械ではありません。映像を作ること「も」できるものです。別の目的でパソコンを買った人が、ちょっと映像でも作ってみるか、という一歩を踏み出しやすくなったのです。ソフトウェアの進歩がそこに加わります。これまでであれば高度な編集は巨大なフィルム編集機がなければできないうえに、フィルムプリントを切り貼りする「肉体的な」作業をしなければなりませんでしたが、パソコン上でバーチャルにできてしまうようになりました。プロとアマチュアが使うソフトウェアも次第に同じものになっていきます。映像制作が、「民主化」されたのです（その流れは今も続いています）。

世の常として、障壁が下がれば下がるほど、いろんな才能を持った人たちが参入しやすくなってきます。文学や漫画が強いのは、紙と鉛筆さえあればなんとかなってしまうようなメディアだからであるわけですが、そこに、映画やアニメーションも近づいたわけです（音楽でも同様に、いわゆる「ボカロ」文化などを見ればわかるように、デジタル環境の充実やソフトウェアの発達が新しい才能が世に出る後押しをしています）。

新海誠は『ほしのこえ』において「ひとりでアニメを作った」――そんな評価は、パソコンによるアニメ制作の「民主化」を背景に成し遂げられたものでした。

個人制作の歴史

新海誠がひとりでアニメを作ったからといって、庵野秀明のように、すぐにアニメ業界の内側に入り込んだわけではありません。新海誠はむしろ、個人制作出身の作家として、その外側で、業界のメインストリームと並行するかのように活動を続けていきます。

日本のアニメ業界は、基本的には集団制作をベースに発展してきました。戦前まで遡《さかのぼ》ってみると、フォーマットとして短編が中心だったこともあり、いまであれば個人制作と呼べるような規模で商業的なものが作られていたこともあったのですが、産業化が進むにつれ、効率的に作るシステムが確立していきます。分業で、大量生産をするというかたちです。

アニメーションの大量生産のシステムは、一九一〇年代以降、アメリカのアニメーション産業で作り上げられていき、一九二〇年代から三〇年代にかけてディズニーによって完成させられます。ディズニーは実写映画業界の発展の実情（短編ではなく長編がメインになっていく）にあわせてアニメーションの長編を作るシステムを組み上げることに成功します。そのシステムは戦後、アメリカはもちろん、日本を含む全世界へと定着していきました。

そういった変遷のなかで、個人制作は置いてきぼりになる歴史を繰り返し辿ります。

たとえば、アニメーションの歴史のはじめには、ウィンザー・マッケイという作家がいました。彼は、アニメーション史の初期の大監督であると同時に、漫画の分野でも有名な人です。彼が生み出した「夢の国のリトル・ニモ」（一九〇五―一三年）という連載漫画（本シリーズのキャラクターを用いた短編アニメーション『リトル・ニモ』も本人の手により作られています）は、宮崎駿なども絡んだ日米の巨大長編アニメプロジェクト『NEMO』（一九八九年）の原作にもなっています。

マッケイは絵が非常にうまく、アニメーションのセンスも卓越しています。同時代の初期アニメーションと比較す

ウィンザー・マッケイ『リトル・ニモ』（1911年）場面写真

ると、段違いにうまい。いまの目から見ても、うますぎるくらいです。マッケイは、セル画が発明される以前からアニメーションを作っていました。紙にインクで描いていたのです。しかしマッケイは、それゆえに量産ができませんでした。セル画（これによって、キャラクターと背景を分けることができ、分業が可能になりました）の誕生の前だったから、という理由もありますが、いまと違って、アニメーションの作り方を学べる場所もないために、彼ほどにうまく描ける人がいなかったこともあったでしょう。クオリティに差が出てしまうので、アシスタントを入れることができなかったのです。

そんなマッケイは、アニメーションの先駆者として広く尊敬を集めていたわけですが、一九二〇年代に入り、分業・大量生産による産業化のプロセスが進んでいった際、とあるアニメーション・スタジオの夕食会に招かれ、スピーチを頼まれた時、「あなたたちは芸術だったアニメーションを商売にしてしまった、残念です」と言って帰ってしまったという逸話が残っています（註一）。マッケイのように個人でアニメーションを制作するスタイルと、大人数で作品制作を行うアニメーション・スタジオのやり方は、考え方からしてまったく相いれないものだったのです。

アニメーションにおいては個人作家と商業性が共存しない――そのような考えを強化するもうひとつの伝説を紹介しましょう。マッケイに先立つこと三〇年以上前、そもそも映画というものがリュミエール兄弟によって生み出される前の一八七七年に、エミール・レイノーというフランス人が、プラキシノスコープという「動く絵の投影」の装置を作り、上演会をしていました。いわゆる、アニメーションのはしりのようなものです。レイノーはテアトル・オプティークと名付けた劇場を運営し、自分のお手製のフィルムに絵を描いて動かし、人気を集めていました。

しかし、リュミエール兄弟が一八九五年にシネマトグラフを発明し、カメラによって映像を大量生産しはじめた時、レイノー個人のお手製のアニメーションは物量的に圧倒的な敗北を喫することになります。レイノーは怒りから自身の発明品をぶち壊し、セーヌ川に捨ててしまったと言われています。

このように、アニメーションが生まれる以前から、「個人作家の制作スタイルと、商業的なアニメーションの大量生産は対立する」という事態は繰り返されつづけており、この流れは二一世紀まで引き継がれています。

巨大な個人制作の時代

一方で、ここまで読んだ読者のみなさんのなかには、おかしいと思った人もいるはずです。なぜなら、新海誠は『ほしのこえ』の次作である『雲のむこう、約束の場所』以降、決してひとりでは作っていないからです。

ただ、それについては、『雲のむこう、約束の場所』以降、新海誠のアニメーション制作を支えるプロデューサーの川口典孝による証言があります。二〇二〇年の「映画のまち調布　シネマフェスティバル」で、筆者は川口氏と対談をする機会をもらいました。その時、川口氏が言っていたのは、どれだけ制作規模が大きくとも、新海誠の本質は「個人制作」だということです。どういうことでしょうか。

新海誠が単独で作っていた初期作品から日本最大級の映画会社東宝と組み、数百人ものスタッフと組んで作った『君の名は。』や『天気の子』に至るまで、新海作品のほとんどには共通点があります。脚本と編集のクレジットに、新海誠の名前だけが記されているということです。

脚本は映画の「最初」の作業です。映画がどんな物語を、どんなキャラクターのどんなセリフとともに、どんな順番で語っていくか。制作スタッフに対してそのロードマップを提供するのが脚本の仕事です。一方、編集は映画の「最後」。さまざまなスタッフが制作した素材をまとめ上げ、最終的な完成作品として整えていく作業です。

初期作品の経歴が示すとおり、新海誠は、その「最初」と「最後」以外も自分ひとりで作ってしまえる。ただし、自分ひとりだけでは、限界があります。ウィンザー・マッケイの例が示すとおり、量産ができないのです。かといって、新海誠の場合、個人制作を基礎としているからこそ生まれる独自性があるため、単純に伝統的な集団制作を採用すればいいというわけではありません。

『雲のむこう、約束の場所』は長編です。おそらくこの作品を『ほしのこえ』と同じように新海誠ひとりで作ったとしたら、一〇年以上かかってしまったでしょう。さらに言えば、新海誠自身が人と比べて得意ではない分野も自分でやらなければいけないゆえに、本人が表現したいものを再現できず、表現の幅が狭まってしまったことでしょう。

新海誠は個人制作ですべてを作れる。でも、その体制でやると、限界がある。だから、たくさんのスタッフを雇用して、（分量・技術的に）できない部分を担当してもらう。ただし、映画の「最初」と「最後」の部分だけは自分でやる。それによって、新海誠自身の魅力を残しながら、作品全体のクオリティが上がり、そして制作期間も短くすむ。そのような仕組みを指して、川口プロデューサーは「本質的には個人制作」であると言うわけです。

興味深いことに、新海誠のような「巨大な個人制作」は、世界中に増えています。たとえば、（「まえがき」でも紹介した）ブラジルのアニメーション作家アレ・アブレウが監督した長編アニメーション『父を探して』。

アレ・アブレウは、本作以前は依頼仕事やテレビ・シリーズの仕事をしており、そこで貯《た》めたお金を自分で投資して、『父を探して』を制作しました。脚本も絵コンテも自分が担当。それどころか、「原画」のアニメーションも自分ひとりでやっているのです。本作はクレヨンや絵の具などアナログな手法を用い、背景も白く残されていたり（あるいはコラージュで作られ）、キャラクターたちも「まるかいてちょん」的なかなりシンプルなデザインなので、一般的なアニメーションと比べたら手はかからないのですが、それでも長

アレ・アブレウ『父を探して』(2013年)　場面写真　© Filme de Papel

編一本となると、すごい分量です。中割《なかわり》(原画と原画のあいだを自然につなげ、動いているように見せる絵)のアニメーションや色塗りなどは制作後半に雇用した十数名のスタッフに手伝ってもらったようなのですが、この作品もまた、「巨大な個人制作」で作られています。物語の最終的な結論もあらかじめ決めずに作りながら考えていったそうですが、そういった自由な手法も、「本質的には個人制作」であるゆえに可能になったことです(巨大スタジオのような分業制では、何を作るのかがあらかじめきちんと決まっている必要があります)。

アマチュアから始まる

こういった「巨大な個人制作」は、たとえアカデミー賞にノミネートされたとしても（つまり「王道」の作品として認められたとしても）、伝統的な商業アニメーション作品とは異なります。

象徴的な話があります。二〇一七年に『父を探して』が日本の文化庁メディア芸術祭で優秀賞を受賞し、授賞式に参加するために監督であるアレ・アブレウが初めて来日した時、私の会社、ニューディアアーが配給を担当していたことから、私自身が彼のアテンドを担当していました。その際、アブレウから「高畑監督と会いたい」と頼まれました。日本アニメは世界的に知られていますが、彼がとりわけ故・高畑勲《いさお》さんに影響を受けていたことから、懇願されたのです（「巨大な個人制作」タイプの海外の監督は、高畑監督に影響を受けていることが多いのです）。なんとかツテを辿って、生前の高畑勲監督との面会をセッティングすることができ、私も通訳として同行しました。そして高畑監督にお会いする当日、なんと宮崎駿監督にもご挨拶できることになったのです。

宮崎監督は、二〇一三年に『風立ちぬ』を公開した後「引退宣言」をしていましたが、二〇一七年にそれを撤回。お会いした時は、新作『君たちはどう生きるか』に取り掛かりはじめた頃で、まだ誰もアニメーターがいないスタジオでひとり、絵コンテを描いている時期でした。

高畑監督に連れられ、スタジオ近くにあるアトリエで休憩中の宮崎監督と面会しました。自分が尊敬する二大巨匠に会えて大興奮したアブレウ監督は、本国で出版されている『父を探して』の絵本をおふたりにプレゼントしました。それをパラパラとめくった宮崎監督は、「君はノルシュテインみたいにひとりで作る人なんだね。私たちは個人ではなく工房で作っているんだよ」と言いました。タイプが違う、と線引きをしたのです。

その様子を傍らで眺めていた私は、なるほど、と思いました。スタジオジブリの作品は、監督の色が強く、いわゆる「作家性」が高いと考えられています（つまり、宮崎監督や高畑監督が「作者」とイコールの存在として考えられがちということです）。実際、宮崎監督はスタッフの動画をかなり頻繁に自分で直すタイプの作家なので、監督自身が自作を「巨大な個人制作」だと考えていたとしても不思議ではないように思えます。しかし、宮崎監督自身の思いとしては、決して個人制作ではなく「みんなで作っている」。もっと言えば、「みんなとでなければ作れない」のです。

そこには、宮崎監督の経歴も関係しているでしょう。東映動画（現・東映アニメーション）をはじめ日本の伝統的なアニメーション・スタジオで経験を積んだ宮崎監督（そして高畑監督）にとって、「アニメーション・スタジオで、集団制作で作るもの」というのが当然であり、アレ・アブレウのように「基本的には個人で作る」というスタンスとは異なるのです。

新海誠は、宮崎駿の「引退宣言」以後に過熱した「ポストジブリ」をめぐる議論のなかで、『君の名は。』の大ヒットによって、その筆頭に躍り出ました。「新たな国民的アニメーション監督」という意味では正しいでしょう。しかし、作り方という点では、同じアニメの系譜に見えて、まったく違うのです。新海誠の原点は、「ひとりでパソコンと向き合い、孤独に作る」というものだからです。

『君の名は。』の制作には、作画監督として安藤雅司《まさし》が参加しています。安藤雅司は、スタジオジブリで長年にわたり活躍した名アニメーターで、二〇二二年には初の監督作品『鹿の王』も公開されました。安藤雅司の『君の名は。』への参加は、宮崎駿の「引退宣言」に伴うスタジオジブリの制作部門の解体が大きな影響を与えています。ジブリで育った力のあるスタッフが、アニメ業界のさまざまなところに散らばっていったのです。

安藤雅司の参加について、新海誠は「自主制作から始めてきた自分と、テレビアニメのど真ん中の田中（将賀《まさよし》、筆者註）さんと、劇場（用アニメの歴史、筆者註）の真ん中で活躍してきた安藤さんが一緒にやるっていうのはなかなか不思議な組み合わせ」とコメントをしていました（註二）。ここにやはり、新海誠が自分自身を決して王道と考えていなかったという意識が見てとれます。新海誠は、個人作家として、つまり業界的にはアウトサイダーとしてキャリアをスタートさせつつ、宮崎駿の後を継ぐような「王道」「新たな国民的作家」になったのです。

巨大な個人制作を支えるのはプロデューサー

新海誠の話をするためには、プロデューサーの存在を見逃すわけにはいきません。

ただ、日本のアニメ業界において、「プロデューサー」という役職がどういう役割を担っているのかについて考えるのはとても難しいといえるでしょう。なぜなら、現場スタッフの役職とは異なり、実際に何をやっているのかが外から見るとはっきりしないからです。

スタジオのまとめ役だったり、製作委員会を構成する会社からの出向だったり、役割の定義もバラバラで、作品のもろもろを統括する人もいれば、単に「まとめ役」である人もいるし、いわゆる製作委員会方式におけるそれぞれの出資者の窓口・担当者レベルだったりもする。現場を仕切るライン・プロデューサーといった役割もあります。

そうした曖昧な立場であるゆえに、日本で名前の知れたプロデューサーは、現状においてはさほど数は多くなく、おそらく真っ先に出てくるのはスタジオジブリの鈴木敏夫《としお》でしょう。また、アニメのファンであれば、丸山正雄の名前も通じるかもしれない。丸山は、世界的な人気を誇る今敏《こんさとし》監督の作品や、国内外で高い評価を得た片渕須直《かたぶちすなお》監督の『この世界の片隅に』(二〇一六年)など、野心あるプロジェクト——その一方で金銭的にリスクのあるもの——が世に出ることを助けることで、アニメ業界に豊かさをもたらしていいます。

そんななか、新海誠の場合、ふたりの著名なプロデューサーがついています。川村元気と川口典孝です。

川村元気は（狭い意味での）アニメーション業界の人ではありません。川村は、日本最大級の映画会社である東宝でキャリアをスタートさせました（現在は東宝に籍を置きながら川村らが設立したＳＴＯＲＹ株式会社にも所属）。二六歳の時に社内公募がきっかけで企画・プロデュースを行った『電車男』（二〇〇五年）で一気に名の知れた存在となり、『告白』（二〇一〇年）、『モテキ』（二〇一一年）、『宇宙兄弟』（二〇一二年）、『バクマン。』（二〇一五年）などのヒット作に携わりました。二〇一〇年代からは、アニメーション制作にも関わるようになり、『バケモノの子』（二〇一五年）などでは細田守監督の作品のプロデューサーも務めています。また、川村は自分自身で小説も書いており、「ドラえもん」の映画版の脚本も務めるなど、書き手としても活躍。世の中の流れを察知し、それをクリエイティブにつなげ、ヒット作を生み出していく名人であるといえます。川村が新海誠の作品に参加したのは『君の名は。』からですが、彼が東宝に入社したばかりの二〇〇二年の時点で『ほしのこえ』を鑑賞しており、新海に「いつか一緒に仕事をしたい」と言っていたそうです（註三）。

一方、川口典孝は、これまで記してきたとおり、『ほしのこえ』以降、新海誠のキャリアのほぼすべてを支えてきました。ちなみに川口プロデューサーとは何度かお話しさせてもらったことがありますが、若い社員たちの青春を無駄にしたくないから魂のこもっていないものは作りたくない、ということを口にしていたり、非常に「アツい」人です。多くのアニメ会社が東京の「西」（杉並区、練馬区、中野区）あたりに居を構えるなか、自分たちは「東」（千代田区）にいる、ということも、元商社マンとして業界の常識に染まらないぞ、という態度の現れだとおっしゃっていました（ただその後、「西」＝荻窪《おぎくぼ》のほうに移転したようです）。

「巨大な個人制作」は、そういった〝商売〟をきちんとやれるプロデューサーがいてこそ成立するものです。新海誠の場合、川口プロデューサーや川村プロデューサーと組むことによって、本人は制作に専念できる。お金集めだったり、人繰りだったり、そういった実務的なことを任せて、ベストな作品を作ることに注力することができるわけです。

さきほど、ウィンザー・マッケイの話をしました。個人としての才覚がすさまじく、現在の目から見ても驚くような作品を作っていたわけですが、アニメーションが「商業化」されることによって作りつづけることができなくなってしまった。マッケイはそのことを

「アニメーションが商売になってしまった」と恨み言を言っていましたが、もしマッケイに優れたプロデューサーがいたらどうだっただろうか、というのを思わず考えてしまいます。これは本当に仮定中の仮定でしかないですが、マッケイは絵がうまいだけではなくパフォーマーとしても優れていたので、ユーチューブの時代に生まれていたら、間違いなく人気になっていたのではないか、と思ったりもします。

個人制作とお金の関係

新海誠のキャリアが示すのは、制作環境の変化と、「商売」ができるプロデューサーの存在によって、「巨大な個人制作」が実現可能になり、なおかつ大きな成果を挙げうるようになったということです。

もちろん、音楽や漫画、小説の分野では個人のクリエイターが巨大な規模のビジネスを生み出す構造は昔からありました。しかし、アニメーション業界においては、そうした仕組みが長年実現されなかったのです。

再び、世界のアニメーション史に目を向けましょう。前述のとおり、二〇世紀のほとんどにおいて、映画（とりわけ商業作品）は、集団制作による商業的なものであることが前提になっていました。それゆえに、個人で制作することは、そういった「当たり前」に対するカウンターでした。

個人で作る映画と言えば、実験映画が主流でした。そういった文脈におけるアニメーションは、一般的な作品が演劇や小説でもできるドラマを描いていることを批判し、アニメーション映画でなければできないことは何か、ということを突き詰めて考えた。なかには、その方法論が後に商業的に花開く人たちもいました。

たとえばオスカー・フィッシンガー。一九〇〇年にドイツで生まれ、ナチスの台頭から一九三〇年代にアメリカに亡命することを余儀なくされた彼は、音楽とシンクロして抽象模様が動くビジュアル・ミュージックと呼ばれるジャンルを確立しました。いまのミュージック・ビデオのはしりです。

フィッシンガーもまた、「商業的なるもの」との軋轢《あつれき》を起こしました。当時同じように音楽とアニメーションとの関係性を突き詰めようとしていたウォルト・ディズニーと組み、いまや伝説的な作品となっている『ファンタジア』（一九四〇年）の制作に携わっていました。しかし、フィッシンガーが抽象模様での制作にこだわる一方、ウォルト・ディズニーは抽象では観客を惹きつけられないと考え、ふたりの意見は対立。フィッシンガーは結局スタジオを去り、作品にクレジットもされていません。完成した映像を観れば、フィッシンガーが深く関わったパートがあることは明らかであるのに、です。

個人作家の作るものは商業性とは相反するものである――それを裏付けるかのように、第二次世界大戦後、個人作家の活躍の舞台は国営のスタジオに移っていきます。たとえばカナダの国立の映画スタジオ「カナダ国立映画製作庁（ＮＦＢ）」は、国が個人作家に制作費と施設を提供し、さまざまな実験的な手法でアニメーション制作ができる機会を設けました。あとは東側諸国――共産圏のスタジオ――でも、基本的には商業的なスタジオと同じような分業体制で作っていたわけですが、国費で作られているがゆえにマーケットでのペイを必ずしも考えなくていい状況があったことから、そのシステムをうまく活用した個人作家的な人たちが優れた作品を生み出し、アニメーションの歴史を豊かなものにしました。前述したユーリー・ノルシュテインも、ソビエト連邦時代からロシアで活躍した作家です。

そういった国営スタジオのアニメーション作品が見せる、マーケット向けとは一味違う作品のあり方が、資本主義圏の作家にも影響を与えました。日本でも、久里洋二（現・クリヨウジ）らが一九六〇年に結成した「アニメーション三人の会」が、実験アニメーションや国営スタジオのアニメーションに影響を受けながら、短編アニメーションを作るインディペンデントな領域を切り開きました。ただ、その制作費は基本的には別の仕事の稼ぎを使って捻出されることが多く、個人作家にはなかなかマーケットが開けることはありませんでした。

個人作家とお金をめぐる問題はアメリカで先鋭化します。たとえば、ラルフ・バクシ。彼はロトスコープという実写をトレースする手法を使ったり（『指輪物語』一九七八年）、録音を路上でしたり（『フリッツ・ザ・キャット』一九七二年）、いろいろな工夫によって、低予算で目立つ作品を作ろうとしてきました。

ロトスコープは元々、技能の未熟なアニメーターの補助ツールとして発明されたものでもあり、「ズル」と思われがちな手法だったのですが、ラルフ・バクシは『指輪物語』のアニメーション化（そう、二〇〇一年の実写映画『ロード・オブ・ザ・リング』以前にも

ラルフ・バクシ『指輪物語』（1978年）　場面写真　　提供：Album/ アフロ

映像化されていたのです）に際し、この手法を乱発。観客からブーイングを浴びますが、それに対して、「ディズニーみたいにお金もスタッフも潤沢にあるところに対抗するには、こういうやり方をするしかない」と開きなおったと伝えられています（註四）。ここにもまた、商業 vs.個人という対立軸が透けて見えてきます。

また、低予算でなくとも、独自の方法で資金を調達する作家も現れはじめています。最近では、ビル・プリンプトンという作家が、個人制作に近いようなかたちで長編アニメーションをたくさん作るようになりました。彼は七〇年代から活躍し、「ものすごく絵のうまいギャグもの」というスタイルでカルト的な人気を博しています。そんな彼は、インディペンデントで制作していくために使えるものはなんでも使うというタイプの作家で、クラウドファンディングや学校経営などさまざまな手法でなんとか資金をやりくりしながら活動を続けています。

同じくアメリカで大きな人気を誇るアニメーション作家、ドン・ハーツフェルトは、そんなビル・プリンプトンについて、「アニメーション界のヴェルヴェット・アンダーグラウンド」と言っています。一九六〇年代、ヴェルヴェット・アンダーグラウンドは、高度な演奏技術や豪華なスタジオでの録音がなくとも素晴らしい音楽を作ることができると示し、音楽の専門家ではない人たちが音楽をやることを促しました。

同じようなことは、パンク・ミュージック（コードを三つわかっていれば音楽はできる）やデスクトップ・ミュージック（パソコン一台あればいい）、ラップ・ミュージック（マイク一本あればいい）といったようなかたちで音楽の歴史では繰り返されていくわけですが、アニメーションにも同じようなことが起こっていたわけです。つまり、「アニメーションはたくさんの人とお金がなくてもできる」「個人でもできる」ということです。

ビル・プリンプトン『ヘア・ハイ』（2004年） 場面写真　提供：Photo 12/Alamy Stock Photo

新海誠はそのなかでおそらくデスクトップ・ミュージック（パソコン一台あれば制作できる）と同じかたちでアニメーション制作をスタートしているといえます。それまでの常識を覆し、当たり前を当たり前にしなかったのです。

新海誠と同時期、つまり二〇〇〇年代に頭角を現したハーツフェルトも、アニメーション界において、そういう意味での「革命」を起こしています。彼の特徴は、「まるかいてちょん」と形容できてしまう棒線画の絵です。元々は実写映画の監督を志望していたハーツフェルトは、俳優や天気のことなどあまりにも偶然的

ドン・ハーツフェルト『明日の世界』（2015年）場面写真　　© bitter films

な要素が多すぎる実写映画ではなく、「ひとりで作る映画」としてアニメーションに注目します。絵の勉強も特にしていたわけではないので、複雑なものは描けない。だからこそ、棒線画で描くことにする。全作品を音響も含め自分で作り、制作費をかけず、完成したら全米ツアーで上映会をしてまわり、DVDやブルーレイを手売りして、次作の制作費にまわす。つい最近も、作品集のブルーレイを作るためのクラウドファンディングをして、数千万円の資金を集めています。ひとりで数年間こもって新作を作るためには十分な売上です。

ここらへんになってくると、新海誠の話とも近くなってきます。『ほしのこえ』は、個人制作でありながら十分なセールスを上げることができました。

ただ、新海誠の場合、個人制作の道を選びつづけるのではなく、集団制作によるいわゆる「アニメ」にフォーマットとしては近づいていきます。そのあたりは、ここで紹介した「実験的な」作家とは違う。孤高で独自のスタイルを確立しようとするのではなく、一般的に流通しているもののスタイルに則《のっと》った創作をする、ということです。

そこに、お金の話や戦略の話をしっかりと考えるプロデューサーが加わることで、新海誠は「巨大な個人制作」ができるようになっていく。

個人作家が活動を巨大化させていき、マーケットとも相性が良くなっていく……もちろんいまでも、マーケットが提示するメインストリームとは異なるかたちを求める表現者たちもいますが、個人制作はそれだけではなくなってきている。昔のように、「商業vs.個人」という単純な図式には収まらなくなってきている。新海誠は、そんな時代の変化を知るための優れた例でもあるといえます。

「個人作家」であることの帰結――「運動」なきアニメーション

新海誠が個人作家であるという事実によって、もうひとつの歴史的な論点が浮かんできます。「運動」をめぐる問題です。

『天気の子』のビデオリリースの時に、新海誠のインタビュー記事がいくつか出たのですが、そのなかに「おっ」と思わされる記述がありました。そのインタビューは、新海誠がMacのキャンペーンに出演していたことを話のきっかけに、小さな頃からコンピューター上で「絵本のようなもの」を制作していたことを、紹介しています。その発言を聞いたインタビュアーは、「驚くべきことに、小学校4～5年の時に、8ビットの単色グリーンディスプレイのパソコンで、新海監督は『絵と言葉と音楽』がある物語を作っていたのだ」（前掲、〈新海誠インタビュー01〉）とまとめます。


この一連のやりとりは、普通であれば、「新海誠は小さな頃からアニメーション作家としての素質があったのだ」、という話としてスムーズに読み流されてしまうのではないかと思うのですが、私はこの発言を読んで、これぞまさに新海誠のアニメーションを象徴するやりとりだなあ、と思いました。

何が一番印象に残ったのかと言えば、「動き」という言葉がそのなかに含まれていないなかったことです。アニメーションのようなものを作っているけれども、動きが不在。これはまさに、新海誠のアニメーションの特徴なのではないか。

たとえば、新海誠作品の代名詞として、実写をベースにして作られた美しい背景があります。そこにモノローグと叙情的な音楽が乗っていく。とりわけ初期の作品の基本的なイメージは、そんなものなのではないでしょうか。まさに、「絵（背景）」と「音楽」です。

そしてあるラジオ番組で、新海誠は絵を描くことは「今でもすごく苦手」（註五）と言っている。一般的に、アニメーションは、絵を描くのに長《た》けた人が得意とするように思われがちです。絵で表現することこそがアニメーションであるとイメージされているからです。それはおそらく、集団的に作るアニメーションだろうが、個人作家だろうが、あまり変わらない。しかし新海誠は、むしろ絵は苦手だという。それよりも、言葉を考えることのほうが自分は得意なのだと言っている。

極端なことを言えば、つまり新海誠のアニメーションというのは、「言葉と音楽」で成り立っている。ある意味で言えば、「マルチメディアな（音なども入っている）朗読劇」

というのが本質的な部分としてある（実際、新海誠の作品は朗読劇にもなっています）。そこに欠けているのは、「動き」です。

アニメーションの歴史を考えると、これはやはり新しい動向であるといえます。これから詳しくお話ししていきますが、すべてが作りものであるアニメーションの表現の歴史とは、いかにして観客にリアリティを感じてもらえるかについての歴史でもあるといえます。かなりざっくりとした議論ですが、二〇世紀のアニメーションは、動き（そして生命＝有機体）をベースにリアルを生み出していました。下手すると、そこに言葉がなくてもよかったかもしれない。私が関わっているアニメーション映画祭においては、言葉のないアニメーションのほうが、評価が高くなる傾向がいまでもあります。そこには、アニメーションは動きの芸術であるという前提が染み付いています。

いやいや、テレビアニメだってアメリカのアニメーションだって、たくさんしゃべるじゃないか、という反論があるかもしれませんが、しかしそれでも「動き」はある。もっと言えば、「人間」がいる。しゃべるのも人間です。一方で、新海誠の場合、言葉「だけ」

があればいい。人間は画面にいらない。人間が発した言葉だけがあればいい。その基本があるなかで、エモーショナルな音楽がそこについていればなおいいし、美しい絵（背景）もあればもっと良い。

新海誠が象徴する新しいタイプのアニメーションは、動きや絵といった目に見える部分ではなく、言葉と音でリアリティを作っていく。それは間違いなく、アニメーション制作がデジタル化したことによって生み出された新しい傾向でもあります（小学生の新海誠が紙とペンではなくコンピューターで作っていた、デジタル時代の申し子であったということを思い出してください）。

デジタル以前における「運動の創造」としてのアニメーション

新海誠に象徴される新しいアニメーションの動向について理解を深めるために、二〇世紀におけるアニメーションの「当たり前」の話をしたいと思います。

いま、アニメーション制作のほとんどの部分はデジタル化されています。日本のアニメ業界はその点でいくと少し変わっていて、いまだに紙の上に作画する文化が残っていたりもしますが、世界的に見れば、３ＤＣＧによるアニメーションが主流ですし、２Ｄであっても、タブレット上でデジタル作画をするのが当たり前になっています。ここ一、二年の動向を見ると、たとえば「ブレンダー」という個人レベルでは無料で使える３ＤＣＧアニメーション作成用のソフトウェアが浸透することで、それまでスタジオ制作のものだった３ＤＣＧが個人制作のレベルでも手が届くようになっている。ブレンダーは３Ｄモデルに２Ｄドローイングをうまく融合させることもできるので、平面のアニメーションは平面用のソフトウェアで描くということ自体も当たり前ではなくなりつつあります。

しかし、いまでは「当たり前」と思えるそんな光景も、少し時間を戻せば、まったく当たり前ではありませんでした。アニメーションが生まれたのは一九世紀末から二〇世紀頭で、映画の歴史とほとんど重なるわけですが、たとえばＣＧアニメーションが商業的な分野に入り込んできたのはようやく一九九〇年代に入ってからです。全編ＣＧの長編アニメーションである『トイ・ストーリー』が一九九五年公開である、ということを考えると、まだ三〇年にも満たない歴史しかないわけです。コンピューターが一般的に使われるようになったのも一九九五年のウィンドウズ95の登場からでした。コンピューターを使ってアニメーションを作るという発想も当然ながら一九九〇年代にようやく少しずつ「当たり前」になりはじめたものです（新海誠が個人制作でアニメーションを作りはじめたのはこの「当たり前」の一番はじめの時期だといえるでしょう）。

それ以前、つまり二〇世紀のほとんどの時代、アニメーションとデジタルはつながっていなかった。その時代は当然のことながらすべての工程はアナログでした。絵は手で描き、そして、フィルムというアナログなメディアで撮影も現像もしていました。

現実の世界で演じる役者の様子を撮影することで作る映画とは異なり、アニメーションの場合、絵を一枚一枚描いて動かす必要があります。実写映画のように誰かが動いたものを記録するわけではなく、動きを「創造」する必要があるわけです。

だから、そんな時代、アニメーションを作る人たちにとっての「当たり前」とは、アニメーション＝動きを作り出すこと、でした。そして、アニメーターという職種が監督と並んでヒーロー視されました。二〇世紀のアニメーションの「当たり前」を作ったウォルト・ディズニー・スタジオは、『Disney Animation / The Illusion of Life　生命《いのち》を吹き込む魔法』（発行・スタジオジブリ、発売・徳間書店、二〇〇二年）という分厚い本を出しました（原著の出版は一九八一年）。「ナイン・オールド・メン」というスタジオの伝説のアニメーターのうちのふたりが執筆したその本には、どんなふうにしてキャラクターを動かせばリアリティのあるアニメーションが作れるのか、そのさまざまな秘訣《ひけつ》が書かれていました。アニメーションのキャラクターたちは、実在していません。だからこそ、それが本当に実在するかのごとく「動かす」ことが重要だと考えていたわけです。

個人作家たちも、「動きを作る」ことにこだわっていました。もしかすると、こだわりすぎと思えてしまうほどに、極端に。

たとえば、ノーマン・マクラレンという二〇世紀の実験アニメーションの巨匠がいます。「絵を描く」ことはもちろん、切り絵や立体物を使って動かしたり（時には人間もコマ撮りしたり！）、果ては紙に描いて撮影するという工程をすっとばしてフィルムそのものに絵を描いて動かしたり、本当にさまざまな手法を使ってアニメーションを作った人です。

実験映画（実験アニメーション）とは、そのメディアを成立させている「当たり前」についてメタ的に考えて、一般的に考えられている「当たり前」が本当に当たり前なのかどうか、その存在基盤まで徹底的に疑いながら作られます。二〇世紀前半、映画（アニメーション）が生まれたばかりの頃、実験アニメーション作家たちは、「映画（アニメーション）でなければできないことは何か」を考え抜いたうえで、制作をしていました。

一九二〇年代のドイツでは、「絶対映画」という考え方が生まれました。「映画でなければ絶対できないこと」を追求する一派で、彼らは、「形が動くことこそが映画のユニークさである」というところに考えつきました。一般的な映画は当然人間が登場するドラマを描きがちなのですが、ドラマであれば文学や演劇に任せておけばいい。人間どころか、人間を思わせるものも排除すべきだ。そんな追求の結果、彼らの作る作品は、「抽象的な模様が動く」ところに辿り着きます。抽象画だけであれば、絵画でもできますが、さらにそれが動くとなれば、絵画には手の出せないものになる。本章で取り上げたオスカー・フィッシンガーも、この絶対映画の動向のなかで出てきた作家です。

ノーマン・マクラレンもまた、その流れのなかで捉えられます。彼は、アニメーションがコマ撮りによってできていることに注目します。アニメーションが実写映画と異なるのは、カメラの前に存在する運動物（人間など）を記録するのではなく、現実には存在しない運動をコマ撮りによって創造するところである――そんなふうにアニメーションを捉えました。

マクラレンは、こんなことも言っています――アニメーションにおいては、「コマの上」にあるものよりも「コマのあいだ」にあるもののほうが重要である。コマの上に何を描くかよりも、コマのあいだに生まれるもの、つまり運動のほうこそが重要だと考えるのです。アニメーションは一般的には絵が大事と考えられがちですが、マクラレンにとってはそうではない。何が動いていてもいい。動きこそが命、と考えるうえでは、ディズニーとも同じわけですが、ディズニーにとっては、キャラクター（コマの上に描かれているもの）がリアルになるためにこそ、動きが重要になる。一方でマクラレンにとっては、動きそのものがユニークであることこそが重要だったわけです。だからこそ、マクラレンはいろいろなものを動かしました。絵はもちろん、人間もコマ撮りしなおしたりすることで。

アナログ時代、アニメーションがフィルムのコマの上に一コマずつ作画していくものだった時、アニメーションの最上級とは、アニメーションでしか生み出すことのできないオリジナリティのある動きを作ることだったのです。

このことは、実験アニメーション作家にとってみれば「不純」なアニメーションを作っている人たちにも共有されていたことのように思います。手塚治虫や宮崎駿の本を読み返してみると、自分のアニメーションが不純なものであるということが書かれていたりします（註六）。動きを作る芸術ということに専念していないから、という理由です。動きこそがすべて――それは、二〇世紀のアナログ／フィルム時代におけるアニメーションの「当たり前」だったのです。

CGがアニメーションの定義を変える

しかし、「運動の創造こそがアニメーションが唯一なしうることである」というアニメーション観は、ある時期から揺らぎはじめます。一九八〇年代における、コンピューター・グラフィックス、つまりCGの登場です。

CGは元々、軍事研究から発展してきましたが、次第にビデオゲームをはじめとするエンターテイメントのなかに活かされるようになってきました。

一九八〇年代は、実写映画のなかで特殊効果の一部として、ＣＧが用いられるようになっていきます。ディズニーは一九八二年に『トロン』で初めて本格的にＣＧを使いました。アニメーションへの本格的な活用はそこから少し時間がかかりました。一九九五年、ピクサー・スタジオが、世界で初めて、全編３ＤＣＧによる長編アニメーション『トイ・ストーリー』を公開しました。絵を描くことでアニメーションを作る伝統が強い日本にいると実感しづらいことですが、世界のアニメーションのメインストリームは、現在では完全に３ＤＣＧであり、２Ｄアニメーションは少数派となっています。

手描きアニメーションは、かなりのスキルを必要とします。紙（現在ではデジタル・タブレット）の上で人間の動きをリアルに描くのは、骨が折れます。平面を立体的に見せる絵画のようなテクニックや、人間の身体《からだ》をきちんと理解する解剖学的な観点も必要です。

一方、そもそもシミュレーションのために作られたＣＧは、パソコンの画面上に、バーチャルな空間を作り出し、そこにバーチャルな人形を置きそれを動かすという「人形劇」のようなものです。もちろん技術は必要ですが、エンジニア的な側面が強く、「絵を描けなければならない」というようなものではありません。ドローイングが扱うのは立体物のイリュージョン（錯覚）ですが、CGの場合は、（実在はしないものの）パソコンの画面内に「存在」する何ものかを動かす、ということなのです。

CGがアニメーションの定義を変えた——なぜそのようなことが起こったのかと言えば、まさに「イリュージョン」か、「（実在はしないが）実際に存在する」かの違いです。CG以前のコマ撮りアニメーションにおいて、キャラクターたちの動きというのは、実際には存在していません。一コマごとに少しずつ違う絵を描くことで（実際には二コマや三コマのあいだ同じ絵が続くことが多いのですが）、動いているように「見える」だけなのです。

「アニメーションとは何か」という独自性を考えつづけたコマ撮り時代の実験アニメーション作家たちは、「アニメーションとは（本来であれば存在しない）運動を生み出すものである」といったことだったり、さきほどのノーマン・マクラレンのように「コマの上にあるもの」（＝何が描かれているか）よりも「コマのあいだにあるもの」（＝絵と絵のあいだに生まれる運動）こそが重要なのだと言ったわけです。

ＣＧ以前のかつてのディズニーの場合も基本的には同じです。運動が実際には存在しないからこそ、それを隠すための「生き生きとした動き」を作り出す技法を編み出したのです。繰り返しになりますが、その教本であるディズニーの本の英語タイトルは『*The Illusion of Life*（邦題：生命を吹き込む魔法）』でした。

ピクサーがＣＧアニメーションを商業的に「使える」ようになったのも、このディズニーの教えがあってこそでした。ＣＧはリアルに動かそうとすればするほどなぜか気味が悪くなってしまうのですが（俗に言う「不気味の谷」です）、それを乗り越えるために、ディズニーの誇張する動きの原理を導入しています（ピクサー初期のクリエイティブを支えたジョン・ラセターは、そもそもディズニーにいたアニメーターです）。

日本のテレビアニメは（というかテレビアニメというフォーマット自体は）、予算や制作スケジュールの都合で、ディズニーのようにたくさんの動画枚数を使うことはできません。しかしそのなかで、止め絵を効果的に活用したり、「撮影」と呼ばれる特殊効果に凝ってみたり、セルのレイヤーを動かしたり、さまざまに工夫することで、少ない動画枚数でリアリティやダイナミズムを生み出す手法を案出しようとしてきました。物語を凝ったものにしたことも、そのひとつと言えるのかもしれません。動かなくても、動いて見える。もしくは、キャラクターが動かなくとも、観客の心が動くようにする。動きを作ることこそが、重要なのです。

CGは、こういったすべてを変えるものでした。CGにおける運動は、プログラムに基づいた物理演算によって作られていきます。目に見えない人形遣いが動かしている、という想像をしてもらえるとよいのかもしれません。それはつまりどういうことかと言えば、(現実ではなく)パソコンのモニター上にバーチャルではあるのですが、CGのキャラクターが実際に動いています。それは決して、イリュージョン(つまり静止画を何枚も連続させることで動いているように見せること)ではないのです。

アニメーテッド・ドラマの登場

さきほども言ったとおり、ピクサーが商業アニメーションにおいてCGを導入した時、参考にしたのはディズニーの動かし方でした。ですから、CGがもたらした変化は、アニメーション界のメインストリームではすぐに顕在化することはなかった。アニメーションはキャラクターたちを生き生きと動かすイリュージョンに基づくものである、というベースは、そういう意味ではなかなか変わらなかったのです。

しかし、その変化は、メインストリームの「外」、アニメーション界にとっての「部外者」たちによって、二一世紀、少しずつ顕在化することになります。そこで重要になってくるのが、個人作家たちです。

一九九五年のウィンドウズ95の登場によって、一般家庭にパソコンが出まわるようになりました。それ以前から一部の愛好家は使用しており――「マイコン」と当時は呼ばれていました――小学生の頃からパソコンで制作をしていた新海誠もまたその先進的な一群に入るわけですが、それはより「普通」のことになっていきました。

二〇〇〇年代に入るとアニメーション制作にとって革命的なことが起こります。パソコンでグラフィックに関わる制作をする人であれば欠かすことのできないアドビのAfter Effectsという動画制作ソフトに、アニメーションを作れる機能が追加されたのです。自分の描いた絵を切り絵アニメーションのパーツのようにして、あとはその機能を用いさえすれば、（どんな動きかは別にして）動かすことができてしまうようになったわけです。
ウェブ・ブラウザも「フラッシュ」というその規格に対応するようになり、ウェブサイト上で動画を埋め込める（使える）ようになりました。二〇〇五年には、ユーチューブが誕生します。その後のネット動画隆盛の時代については、みなさんもご存じのとおりです。

昔であればアニメーションを完成させるには大変な手間とコストがかかりました。しかし二一世紀に入り、安価なパソコンとソフトさえ用意すれば、絵も映像も音楽も自分で作って完成品を出力することができるようになった。発表も、映画館やテレビ、上映会など、上映するための手間やお金がかかる場所を使う必要はなく、ネット上にアップすればいい。すべてがパソコン上で完結できるようになったのです。

個人作家の時代は、このようにして訪れます。作る手段も、発表する場所も、パソコンとインターネットさえあれば最低限の部分で完結できてしまう。

そして、アニメーションの新しいジャンルとして、動きではなく、物語を重視する流れが生まれます。絵とお話が作れれば、アニメーション作家として名を成せるという環境が生まれました。少しずつ動かすためにあくせくと一枚一枚絵を描く必要はなく、ソフトウェアにやってもらえばいいのです。

それはつまり、アニメーション制作の重点が変わったということです。動きで魅せるという意識ではなく、お手製の絵、お手製の物語で作るドラマ的な作品が伸びてきたのです。象徴的なのが、いまでも高い人気を保っている日本のアニメーション作家、FROGMANです。「秘密結社　鷹《たか》の爪」（二〇〇六年―）などで有名なこの作家の作品において、キャラクターはほとんど動きません。輪郭線のはっきりとしたキャラクターたちが、口だけパクパクさせて、何か面白いことを話していく。もちろん、アニメーションを運動の創造と考える人たちからすれば、そういった作品はアニメーションとして優れていないことになるでしょう（私自身もそういうふうに考えてしまうところが少しあったので、アーティストたちがAfter Effectsで簡易的に動かしただけのアニメーション作品に対してかなり苛《いら》立《だ》っていた時期もありました）。

しかしこれは、個人作家たち――これまでのようにアニメーション業界で働いている人たちではなく、そこから距離を置いて自主的に制作する人たち――が、新しくアニメー

マルジャン・サトラピ『ペルセポリス』(2007年)　場面写真　　提供：Album/アフロ

ションを発明しなおした、ということなのだと思います。

この動向は、より「プロフェッショナル」な領域にも影響を与えます。アニメーション＝動かすことがコストをかけず（プロのアニメーターを雇わず）できるようになったことで、これまではアニメーションではない別分野で活躍していた人たちが、アニメーション作品を作れるようになりました。実写映画作家、ドキュメンタリー映画作家、漫画家といった人たちです。

漫画家の例が一番わかりやすいでしょうか。二〇〇〇年代を代表する長編アニメーションの一本、『ペルセポリス』（二〇〇七年）は、イラン出身のマルジャン・サトラピというバンド・デシネ（フランス語圏における漫画）作家の同名の漫画が原作で、本人が共同監督のひとりを務めています。『ペルセポリス』は、イランからオーストリアへと留学したイラン人少女がカルチャー・ギャップに苦しむ話を、ユーモアとシリアスさを交えて語ります。本作が重要視しているのはなによりも、原作の絵をそのまま動かし、原作が語るドラマをスクリーン上で展開することです。本作のアニメーションは動きが多少無機質ですが、別にそれはそれでいいのです。

実写監督で言えば、アメリカのインディペンデントで活躍する著名な映画監督、リチャード・リンクレイターによる『ウェイキング・ライフ』という長編アニメーションが二〇〇一年に公開されました。本作は、まず映画全編を実写で撮影、編集し（つまり一本の実写映画を完成させたうえで）、その後、実写映画をトレースしていくという手法で作られています。

「ロトショップ」というロトスコープのデジタル版ソフトウェアを使って作られる本作は、ソフトウェア内のプログラムが、重要な絵（原画）と絵のあいだ（中割と呼ばれる「つなぎ」の絵）を自動的に作って、埋めてくれます。その結果、動きはかなりヌルヌルとした

リチャード・リンクレイター『ウェイキング・ライフ』（2001年）場面写真
提供：Everett Collection/アフロ

浮遊感のあるものとなります。いくら目を覚ましても夢の世界から逃れることのできない青年の物語を描く本作において、実写をベースにしたアニメーションは、「夢なのか現実なのかわからない」という夢現《ゆめうつつ》の感覚を生み出すために採用されています。自動で中割をされることで（専門家からすれば）メリハリのないアニメーションになるわけですが、そのヌルヌルの浮遊感もまた、その感覚を補強してくれるわけです。

ドキュメンタリー映画で言えば、アリ・フォルマンの『戦場でワルツを』（二〇〇八年）も新しいアニメーションの使い方をしています。アニメーション・ドキュメンタリーというジャン

アリ・フォルマン『戦場でワルツを』(2008年)　場面写真　提供:Everett Collection/アフロ

ルの名作と考えられている本作は、監督自身の若い頃の従軍体験の失われた記憶を取り戻そうとする物語です。本作における「アニメーションであること」の必然性は、「人間の記憶は実写というよりもコラージュによるアニメーションに近い」ということの表現にあります。人間は自分の記憶を容易に書き換えてしまう、ということを表現するには、アニメーションのほうが実写よりもより迫真的なわけです。

これらの作品に共通するのも、個人作家たちのケースと同じです。これまでアニメーションの本質として考えられてきたもの(運動を生み出すもの)とは別のかたちで、アニメーションの新たな可能性を発見した、ということです。

個人作家としての新海誠は限られたリソースをどこに注《つ》ぎ込むのか？

新海誠は、こんな時代の申し子であるといえます。パソコンが一般化する前から制作をしていた新海誠は、個人作家たちによる自主制作アニメブームの先頭に立ちます。ゲーム会社に勤務しながら、空いた時間を費やして制作した『彼女と彼女の猫』はさまざまなコンテストで評価され、『ほしのこえ』も大きな成功を収めたのは、これまで見てきたとおりです。

当時は「ひとりでアニメを作った」ことが評判になっていた『ほしのこえ』でしたが、本書における個人作家の歴史という文脈をふまえて考えてみると、また別の評価をすることができるのではないでしょうか。

二一世紀における個人作家の歴史。それは、部外者の歴史です。アニメーション＝運動を生み出すものと考えるのではなく、絵と言葉と音を使って物語を語るものとして考えることで、アニメーションの新しいあり方を見つけ出しました。

新海誠の初期作品には、極端なまでに動きが欠けています。登場人物もとても少ない。

もっと言えば、キャラクター＝人間もいないシーンが多い。一方で、背景の描き込みが尋常ではなくきれいで、そして、セリフもモノローグが中心となっている。叙情的なピアノが切なく、寂しく鳴っている。

運動ではなく絵（きれいな背景）、そして少ない人数による言葉（モノローグ）と音（ピアノ）。騒がしさと対極にある新海作品は、背景の描き込み・画面のきれいさを除けば、すべてがミニマルです。少なくとも、動くものはとても少ない。

ゲームでキャラクターの強さを決める時、プレイヤーが各要素にパラメーターを分けて特徴的なキャラクターを作れるようなゲームがあります。その比喩で言えば、普通のアニメーションと比べて、新海誠の初期作品は、「動き」や「キャラクター数」のパラメーターが普通と比べて極端に低く、そこで余ったポイントを「背景」に振り分けている、といった感じなのです。

いやそもそも、新海作品には、振り分けることのできるポイントが少ない。それこそが自主制作だからです。ある個人がひとりでアニメーションを作ろうと思った時、その作家は二つの現実的な問題を考える必要があります。一つ目は、リソースが限られていること。二つ目は、スキルが限られていることです。

リソースが限られていることについてですが、個人制作とはつまりひとりで作るということです。一方で、アニメーションはとてもたくさんの労働力を必要とします。何度も言っているように、動きを作るためにたくさんの絵を描く必要があります。ウィンザー・マッケイのようなものすごく絵のうまい多産な人であっても、商業化され規範化された制作体制には敵《かな》わなかったことを思い出してもいいかもしれません。

スキルが限られていることについてですが、チームで作る場合であれば、それぞれのスタッフが得意なものを分担し合っていけばよい。しかしひとりで作る場合には、自分の能力がすべて。いくら頭で「こんなものを作りたい」と思ったとしても、自分でそれができない場合は諦めるか、それともごまかすか、どちらかしかない。

個人作家の良いところは、作品を自分自身の得意なことで満たせることです。また、誰のためでもなく自分が作りたいから作っているわけですから、誰かの意向を受ける必要がありません。

結果として、優れた個人作家は、自分の得意なところに多くのリソースを注ぎ込み、得意でないところは、思い切って捨てることができます。この章の前半で名前を出したドン・ハーツフェルトが、絵を思い切って棒線画にしてしまっているのが、その好例であるといえます。

リソースが限られているのだから振り分けを工夫するというのは、一見当たり前に思えますが、二〇〇〇年代からさまざまな国の個人作家の作品を観てきている私からすると、こういった「個人作家の条件」をきちんと考え抜いたうえで作ることができている人は、さほど多くありません。多くの場合、メインストリームのアニメーションを小さなスケールでそのままやろうとしてしまうのです。リソースが限られているわけですから、当然のことながら、縮小再生産にしかなりません。

『ほしのこえ』が「ひとりでアニメを作った」ことで評価を受けたのは、そのリソース配分に奇跡的に成功したからだと思います。総ポイント数が少ないのに、一〇倍以上のリソースを注ぎ込めるような一般のアニメ作品と同じくらいの、いや、それよりももっと大きな充実度を与えたからです。

一般的な個人制作作品は、そのリソース配分の極端さの結果として、一般的なアニメーション・ファンにとっては見慣れないようなフォーマットになることが多い。本章で取り上げたオスカー・フィッシンガーやノーマン・マクラレンは、まさにその代表です（筆者自身はその「見慣れなさ」にこそ、個人制作のアニメーションの大きな魅力を見出すわけですが……）。

一方で、新海誠は、メインストリームの作品と並んで違和感のないものとして受け止められました。それはつまり、少ないリソースで大きなファン層にリーチすることができる、ということです。川口プロデューサーがその才能に惚れ込み、会社を辞めてサポートすることを決意したのも、作品の魅力に加えてその経済性が伴っていたゆえでしょうし、その後一〇年以上して組むことになる川村プロデューサーが『ほしのこえ』の段階でそのポテンシャルを見抜き、いつか仕事をしたいと言っていたのも、そういった部分を感じていたからなのでしょう。

『ほしのこえ』は現代に生きる私たちの寓話《ぐうわ》である

さて、新海誠のひとつ目のターニング・ポイントといえる『ほしのこえ』について、改めて考えてみましょう。

リソース配分のユニークさが新海誠の独自性であるという観点からすれば、本作がロボットアニメというアニメの歴史におけるひとつの定番ジャンルとして振る舞おうとしているところがとても興味深く思えます。本作のひとつの見どころは、CGをフル活用したロボットと異星人たちの戦闘シーンです。一方でそれがミカコとノボルの銀河を超えたメールのやりとり――しかも宇宙の果て同士のやりとりであるがゆえに届く時間にギャップが生まれてしまうというSF的な設定まで加わる――という小さな恋愛の話に接続されるユニークな構造になっているのも見逃せません。この「壮大さ」と「小ささ」、より正確に言えば「小ささ」が「壮大さ」につながっていくバランス感覚こそ、個人作家としての新海誠のリソース配分の妙なのです。

ミカコは地球を侵略してくるであろう異星人たちと戦うためのロボットの操縦士に選ばれ、ノボルは地球に残ります。銀河の端と端に配置されたふたりは、「ピッチ」（時代性を感じさせるPHSでのやりとりなので、あえてこのように書きます）でやりとりをする。本作のほとんどの部分において、ミカコとノボルはそれぞれひとりぼっちで、メールが届く時差（光速では追いきれない遠い場所にいるゆえにそれが生まれます）がリアルタイムのやりとりを不可能にします。最終的には、メールが届くまでに八年の時差さえも生まれてしまう。独り言の物語になるのです。

本作で印象的なのは、ノボルが見上げる空、無人の学校、ミカコのいる惑星といった、人のいない風景です。それは、宇宙のなかで孤独を感じるミカコや、ミカコの姿を求めて空を見上げてばかりのノボルの気持ちの表現として観客のエモーションを高めます。「寂しさ」について語る物語だからです。

いくつかのシーンでのキャラクター造形やアニメーションを見るに、新海誠はおそらく、さほど絵がうまくありません。しかしこういった舞台設定で、宇宙的な寂しさ・届かなさを語ることによって、極力、人間が動いたり登場したりしなくてよいようにしています。

しっかりと描き込まれた美麗な背景は、ある程度写真をベースにして作られており（つまりロトスコープ的に作られているともいえる）、新海誠はここに多くのリソースを投入しています。それもまた、物語を適切に語るために機能しています。そして、キャラクターたちがそのきれいな世界のなかにポツンと存在していて、誰もが寂しそうに見える。もっと言えば、人の姿が静止したまま、モノローグのような言葉だけがポツリポツリとつぶやかれる様子は、まるで朗読劇を観ているかのようです。一九五〇年代、テレビが世界中に広がり、テレビアニメーションが量産されるようになった時、それらの作品が劇場用作品と比べてあまりに動かず、セリフにあわせて口をパクパク動かすようなものであったことから、「絵つきラジオ（イラストレイテッド・ラジオ）」と揶揄《やゆ》されたことがあります。

それは悪口を多分に含んでいたわけですが、ここで私が形容する「朗読劇」はそうではなく、紛《まが》うことなき新海作品の「強さ」についての比喩です。初期の新海作品は、美麗な背景を前にポツリと言葉がつぶやかれるだけで観客の気持ちを奪ってしまえるような、言葉の強さがあるということが言いたいのです。

「絵つきラジオ」は、省力化することで量産されたアメリカのテレビアニメに対する形容でしたが、日本のテレビアニメ——つまり『ほしのこえ』が引き継ぐロボットアニメも含まれる——もまた、省力化のなかでいかにして効果的に物語を語り、観客を惹きつけたかの歴史です。本章の後半では個人作家とリソース配分について取り上げてきましたが、そういう意味では、個人作家の戦いはテレビを中心に発達していった日本アニメの遺伝子を受け継いでいるともいえます。

ただし、正統に受け継いでいるわけではなく、突然変異的な部分もあります。序章で語ったことの繰り返しになりますが、日本のロボットアニメは、作り手たちのミリタリー趣味（宮崎駿や庵野秀明などはまさにそのような趣味の持ち主です）や、運動を重視する二〇世紀的アニメーション観を日本なりに解釈したものであると考えられます。現実の戦争の映像なども参照されながら、架空の存在であるロボットや兵器は、ある程度のリアリティと、極端なまでのダイナミズムを持つように進化させられてきました。

一方で、『ほしのこえ』におけるロボットアニメは、どちらかと言えば「寂しさ」を語るためのギミック的な装置として捉えるほうが正しいように思えます。ロボットの造形も、その戦い方も、敵も、すべてが「それっぽい」だけで、オリジナルのソースを忠実にしようとするかつてのロボットアニメの系譜に並ぶようには思えません。

ただ、『ほしのこえ』はそれでいいのです。ロボットに乗って戦う少女という設定を通じて描かれるべきなのは、自分が思いを寄せる人と（自分が誰よりも近くありたいと思う人と）のあいだに、無限ともいえるような距離を感じてしまう、という現代的な寂しさについての寓話だからです。

そこには、パソコンでの制作からスタートして、ケータイの時代を通過し、スマホ、SNSの時代である二〇一〇年代に大ブレイクを果たした新海誠自身、そして私たち自身の「つながっているはずなのに寂しい」という感覚が深く埋め込まれていて、それによって共感を呼ぶようなところがあります。なによりも、いま、この世界を生きる私たちの寓話としてのロボットアニメというギミックが使われているのです。

運動に重点を置くのではなく、「アニメーションとはこうあるべき」という回答への重点を変え、静かな絵と言葉と音楽のマッチングに賭ける。それによって、観る人の心を動かす。新海誠、そして『ほしのこえ』は、二一世紀のアニメーションのスタンダードを考えるのにもってこいの作品なのです。もっと言えば、限られたリソースしか持たないなかで、それでも精一杯、やれる範囲でやれることをやって、誰かにその思いを届けようとすること——個人作家たちのそんな姿自体が、現代を生きる私たちの寓話のようなものとして心に響くのかもしれません。『ほしのこえ』はなによりもその優れた例証であるように思えます。

註一：Giannalberto Bendazzi, *Cartoons: One Hundred Years of Cinema Animation*, John Libbey, 1994, p.18.

註二：「『君の名は。』ブルーレイ コレクターズ・エディション」の特典に収録の「『君の名は。』メイキングドキュメンタリー」での発言。

註三：境治「『#君の名は。』新海誠を信じぬいた男〜コミックス・ウェーブ・フィルム代表 川口典孝氏インタビュー〜」（Ｙａｈｏｏ！ニュース、二〇一六年九月二六日）

https://news.yahoo.co.jp/byline/sakaiosamu/20160926-00062558
註四：ポール・ワード、土居伸彰訳「ロトショップの文脈」（『表象』第七号、二〇一三年、表象文化論学会）の86ページ引用より（原典：Roy Frumkes, "Animation on Laser Disc-Part 3", *Films in Review* 43: 7/8, Aug 1992, p.229.）
註五：「新海誠、絵を描くのは『すごく苦手』」（J-WAVE NEWS、二〇一七年一一月七日）
https://news.j-wave.co.jp/2017/11/post-4459.html
註六：たとえば、宮崎駿『出発点　1979～1996』（一九九六年、編集・発行／スタジオジブリ、発売／徳間書店）の60―61ページなど。

URLの最終閲覧日は二〇二二年九月九日

第二章　モーションからエモーションへ
――美しすぎる世界を前に、私たちは燃料になる

新海誠は、あえて人間を描かない

第一章では、個人作家としての新海誠に注目して、制作環境のデジタル化を起点に巨大化しうるようになった個人作家という現代的な文脈から、新海誠の特異性を考えてきました。それにより、個人作家ゆえの少ないリソースを効果的に配分しながら、大きなファン層へとつながりうるものを作り出した新海誠（『ほしのこえ』）のユニークさが見えてきました。

第一章の大きなテーマとなったのは、二〇世紀のアニメーションの「当たり前」である運動の創出のかわりに言葉や背景が前景化してきたということでしたが、本章では、新海誠の作品における二一世紀的な革新を、別の角度から検証してみます。テーマとなるのは、新海誠が、いかにして「人のいない」アニメーションで感動させるに至ったのか、ということです。

ここで一旦、新海誠の『ほしのこえ』以前の作品に目を向けなおしてみましょう。『彼女と彼女の猫』です。現在観ることのできる新海誠作品のなかでは最も古い作品の本作には大きな特徴があります。ほぼ、人の姿が出てこないのです。

本作に登場するのは、二〇代後半と思われる女性です。会社勤めで、おそらく恋人とのあいだがうまくいっていないように思える「彼女」が、ある時、猫を拾ってくる。本編のほとんどは、猫の目を通じて、その女性の物語が語られる。しかし、「彼女」自身の全身はほぼ登場しない。髪をかきわけている仕草だったり、部屋から出ていく様子だったり、洗面所の鏡にチラリと映ったりするという、ただそれだけ。顔は決して映らない。

第一章で、新海誠の作品は動きに欠けているという話をしましたが、本作においてはその特徴が極端なものになっている。そもそも動くものがほとんどいないのです。厳密に言えば、動いているのは人間以外。雨などの自然現象によるものや、人工物です。画面のほとんどを占めるのは、「彼女」が暮らす部屋の様子であり、その部屋があるマンションであり、「彼女」の暮らす生活圏の些細《ささい》な景色だけ。そこに「彼女の猫」の声がモノローグとして被《かぶ》さっていく。

人間の姿を描かず、そのかわりに声を前景化させ、さらには背景を中心に画面を占める。初期の新海誠の代名詞といえるような特徴は、本作ですでに出揃っています。描く物語も、孤独であることの寂しさの物語です。「彼女」は彼氏と別れる。その悲しみ。最も親しかったはずの人がどこかへと消えていく。『ほしのこえ』の物語の原型も見えてきます。

少し話を変えます。新海誠の作品を評する時、「人間が描けていない」という論評をたまに目にすることがあります。私もいろいろな賞の審査員をする機会があるのですが、新海誠作品の話題になった時、実際にそういう趣旨の発言を耳にしたことがあります。書き割りのような人間描写なので共感できない、と。

そういう話を聞く時、私自身は、ある意味でそれはわかるのだけど、一方で必ずしもそうではないのでは?と思ってしまいます。おそらくそれは、「アニメーションの常道が描いてきた人間観と異なる」というだけの話であり、新海誠が描く人間像は、実はきわめてリアリティのあるものに思えるからです。

ただし、ある一定の人たちが拒否反応を示してしまうのもよくわかる。とりわけ初期作品においては、物語の語り方に「男性」としての視点がとても強いですし、人によっては拒否反応を示してしまうようなフェティシズム性が強すぎるところもある。しかしそれ以上に、従来のアニメーションに比べて、新海誠は「人間軽視」なのではないかと思うからです。もう少し正確に言うと、描かれた世界における人間の重要性が一般的なアニメーションと比べて低いのです。

従来のアニメーションが、自分自身で運命を切り開いていくような、いわば「世界の中心にいる」人物たちを描いてきたとすれば、新海誠の作品は、世界の変化、時間の経過に抵抗するすべを持たないような、無力で匿名性の強い、世界の片隅にポツンと佇《たたず》むにすぎない人物たちを描いている。人間が無に等しいのです。

一般的に、アニメーションはキャラクターが主導します。多くの人は、キャラクターを愛することでアニメーションを楽しみます。一方で、『彼女と彼女の猫』において、キャラクターの姿は出てきません。『ほしのこえ』でも、ミカコとノボルというふたりのキャラクターは、宇宙の果てと果てに引き裂かれる恋人たちであるという設定は与えられていますが、キャラクター自身にとりわけユニークさがあるとは言い難い。

新海誠の作品を批判したいわけではありません。キャラクターの不在や匿名性の高さこそ作品の強度を高めている、と言いたいのです。書き割りのような人間描写こそ、生々しいリアルを背負っているのではないかと。

たとえば、私も大好きな『秒速5センチメートル』の主人公である貴樹もまた、何か特徴があるキャラとは言い難い。この作品の「第二話」は貴樹を好きな女子高生の視点から語られますが、貴樹自身はどう考えても薄っぺらい。何か特別な魅力のあるキャラというわけではなく、最後まで昔の恋愛を引きずって終わるナルシスティックな男にすぎない。私たちの日常生活でも見かけるような、言ってしまえば「イタい」人間に見える。その行動だけを追えば、過去の思い出に沈殿して、目の前の相手のことを見ないカッコつけ男です。しかし、そういった固有性を持たないキャラクターだからこそ、何か観客の内側と響き合うものがある。匿名性が高いからこそ、そこには何か自分とも似たようなところがあるように思えてしまう。

匿名性が高いと自分のことのように思えてしまうこと。それもまた、少ないリソースで観客を没入させるひとつのテクニックです。第一章でも登場したアニメーション作家ドン・ハーツフェルトは、「まるかいてちょん」で描けてしまう棒線画のキャラクターを活用します。キャラクターをそこまでシンプルなものにすることについて、ハーツフェルトは、情報量の少なさや具体性の低さが、キャラクターと観客との距離を近づけ、「観客が自分でキャラクターの細部を補完してくれる」効果を生むということを語っています。しっかりと描き込まれたキャラクターは、観客に対して「他者」になる。一方、シンプルになればなるほど、キャラクターは「自分」になる。面白いのは、ドン・ハーツフェルトのキャラクターたちもまた、（彼の作品の場合はブラック・コメディという色が強いのですが）世界の大勢に翻弄されるちっぽけな人間の切なさ・哀愁を描くものであり、それによってアメリカを中心に圧倒的な支持を受けているということです。

初期の新海誠が描く作品には（私自身は近作にもそういう性質は残っていると思うのですが）、そういった「棒線画性」があるのではないか？「いる」けれども、その存在感は限りなく薄く、固有性が低い。それでいて（だからこそ）、観ている我々の心を揺さぶる――空っぽになった人間、匿名化された人間の姿を描くことで、作品と観客のあいだにインタラクションを生み出し、それによって寂しさを増幅させる。いわば、モーション（動き）はないが、しかしエモーション（心・情動）は揺さぶられる。そんなキャラクター描写・立ち位置もまた、二一世紀のアニメーションと親和性が高いものです。そんな前提のもと、本章の議論を進めていきます。

アニメーションで「泣ける」ことはいかにして普通となったか

ここでまた歴史の話に戻ります。第一章では、二〇世紀のアニメーションが運動を重視するものであったことを指摘しました。その部分を別の角度から掘り下げてみたいと思います。

「二〇世紀」と一言で言っても、すべてが一枚岩であるわけではありません。二〇世紀のアニメーションは、「ディズニー以前」「以後」で分けて考えることができます。

アニメーションとは運動である――コマ撮りで作られる時代のアニメーションの本質自体は、一九一〇年代〜二〇年代、絶対映画をはじめとする実験的なアニメーションの文脈で確立されました。

一方で、商業性を追求するアニメーションの歴史においては、ディズニーがまた別の「当たり前」「定番」を作り上げます。これが二〇世紀のアニメーションは「ディズニー以前」「以後」で分けられるということなのですが、それは私自身の独創ではなく、海外の著名な研究書に『*Before Mickey: The Animated Film 1898-1928*（ミッキー以前）』（未邦訳、一九八二年）というタイトルの本があることをふまえています。

ドナルド・クラフトンという研究者が書いたこの本の要旨をまとめるとすれば、「ディズニー（ミッキー）の登場以前、アニメーションはハチャメチャだった（ディズニーはアニメーションが描く世界をまともにした）」といえると思います。

アニメーションは、一九世紀の終盤に実写映画とほぼ時期を同じくして生まれます。実写映画がフィルムの上に無数に並ぶコマに運動を連続的に記録するものであることを逆手に取り、あえて一コマごと撮影をしなおす——つまりコマ撮り——によって、絵が動いたり、人形が動いたりといった「現実ではありえない」映像を作ったのです。それが派生して、私たちがいま知るアニメーションの歴史が生まれていきます。

そう、アニメーションはそもそも生まれたばかりの頃には、「現実にはありえない」ことを見せることが得意なものだと考えられていたのです。それゆえに、「いかにハチャメチャなことを描けるか」ということこそが重要でした。「絵が動いた！」という喜びであったり、「キャラクターの姿が変わった！　伸び縮みした！」というような驚きが、そのベースにありました。

一九一〇年代以降、アニメーションがアメリカにおいて次第に産業化されていきます。たくさんのスタッフを使って、セル画という透明なシートを重ねることで分業をして、大量生産をするようになりました。俗に「カートゥーン・アニメーション」と呼ばれる分野が誕生したのです。当時使われていた名称を正確に言えば、アニメーテッド・カートゥーン。「カートゥーン」＝漫画が「アニメート」＝生命を持つ、ということです。動くはずのない漫画が動く、というナンセンスこそが、その基調となります。いかに現実離れしたドタバタ喜劇（スラップスティック）を描いて、驚きや喜び、笑いを届けるかということこそ、観客の求める価値でした。

ウォルト・ディズニーは、そんなカートゥーン・アニメーションがアメリカの映画業界で盛り上がりをみせはじめた頃に、自らのスタジオを作ります。最初のうちは、ほかのスタジオと同じように、ドタバタ喜劇を作っていました。しかし、ディズニーはそれでは埋もれてしまうと考えました。その当時、それまではサイレントだった映画に音がつきはじめました。ディズニーはその動向を見て、アニメーションにもそれを取り入れようと試み、ほかのスタジオとは段違いの完成度によって成功を収めました。

アニメーションは一コマごとに絵を描くことで作るので、細かいタイミングの調整ができます。ディズニーのトーキー・アニメーションは、一コマ単位で映像と音楽をあわせていくことを意識しました。人間はなぜか、映像と音楽がシンクロすると心が揺さぶられてしまうらしく（新海誠の作品からも、私たちはそのことをよく知っているはずです）、その原理を活用した「ミッキーマウス」や「シリー・シンフォニー」といったディズニーのカートゥーン・シリーズは大人気になっていきます。

その後、ディズニーは技術的革新を重ね、現実離れこそが売りであったはずのカートゥーン・アニメーションの世界を次第に現実に近づけていきます。カラー映画の到来とともに、テクニカラーを採用し、いち早くカラーのアニメーションを作りました。ガラス板を何層も重ねたマルチプレーンという特殊な撮影装置を開発し、画面に立体感が生まれるようにしました。そして、（当時のライバルであったフライシャー・スタジオの創設者が発明していた）実写をトレースしてアニメーションを作るロトスコープの技術を自分たちなりに応用して、キャラクターの動きや身体のバランスをリアルにしていきました。

ディズニーはなぜ、当時のアニメーションの常識（現実離れしたものこそが素晴らしい）を覆したのでしょうか？　それは、アニメーションを作るという商売を、さらに大きなものとするためでした。

当時、アメリカで制作されるアニメーションはすべて短編でした。アニメーションは作るのにとても手間がかかるので、長いものを作るという発想が生まれなかったのです。実写映画も最初は短編ばかりでしたが、だんだんと長編の割合が増えていきます。観客も、物語をきちんと語ることのできる長編を好みました。そうなると、アニメーションは長編の「前座」にしかならなくなってくる。ディズニーはそんななか、アニメーションを映画界の主役にするため、長編制作に取り組もうと試みました。前述した数々の技術的革新も、その目標に向けての試行錯誤だったのです。

しかし、なぜ長編制作と「アニメーションの世界を現実に近づける」ことがつながっていくのでしょうか？　ディズニーは、それまでのアニメーションが当たり前としていたドタバタ喜劇では、長編にしてもお客さんは疲れてしまってついてこられないだろうと考えたのです。長編を作るためには、アニメーションといえども、「人間のドラマ」を描かねばならない。そのためには、作品世界は現実離れするのではなく、現実に近いほうがいい。登場人物も、現実離れした作りもののキャラクターではなく、観ている観客が自分自身の姿を見てしまうような、リアルなほうがいい。そしてなによりも、笑いや驚きではなく、感動と涙のほうがいい。

さまざまな技術革新と試行錯誤の末に作られたアメリカ初の長編アニメーション『白雪姫』（一九三七年）は、実際に観客を泣かせました。ご存じのとおり、悪い魔女に騙《だま》されて白雪姫が死んでしまうというシーンがあります。そのシーンで観客は、死を悲しむ小人たちとともに、すすり泣いたのです。

これは、当時のアニメーションとしては、本当に画期的で、考えられなかったことでした。何度も言っているとおり、カートゥーン・アニメーションとは、現実離れしていて、スラップスティックであるべきものでした。キャラクターも「作りもの」にすぎないという意識があるので、平気で身体がバラバラにされたり、壊されてしまったりする。そしてそれを観て、観客が笑う。それこそがカートゥーン・アニメーションでした。

『白雪姫』でキャラクターの死に対して涙を流した人たちがいたこと。それが何を意味するのかと言えば、白雪姫というキャラクターが、観客たちと同じく、一度死んでしまえばもう二度と帰ってこない存在として認識されたということです。「人間ドラマを描くもの」としてのアニメーションは、ここからスタートします。日本のアニメも、それを特殊に進化させていったもの、といえます。ディズニーのアニメーションは、アニメーションの当たり前を変えてしまい、新たなスタンダードを作り上げたのです。

第一章で、ディズニーが『*The Illusion of Life*（邦題：生命を吹き込む魔法）』というアニメーションの教本を出版していたことをお伝えしました。このタイトルからもわかるとおり、重要なのは、単なる絵であり作りものであるにもかかわらず、「生命」を感じさせることでした。物理法則を誇張して描くとリアルに見えるよ、などといった具体的な手法が書かれています。この本が語るのは、「キャラクターをいかに動かすか」というメソッドなのです。ここで、前章での話と本章での話がつながります。「運動によって生命のイリュージョンを作る（そして人間のドラマを語る）」ことが、二〇世紀の新たなスタンダードとなったのです。

二〇世紀のアニメーションのスタンダード——生き生きとした動く生命

ディズニーの発明以後、アニメーションはもはや現実離れなことだけをしていればいいとはならなくなりました。もちろん、古き良きカートゥーン・アニメーションの伝統を引き継いだ作品も残りつづけました。『トムとジェリー』をはじめとするアメリカの名作カートゥーン・アニメーションは、いまに至るまで人気を保っています。それはつまり、現実離れした展開を見せるアニメーションも、いまだに魅力を失っていないということです。

一方で、アニメーションのメインストリームとなったのは、私たち人間に似た「生命」たちが語るドラマです。アメリカに限った話ではありません。運動によって生命感溢《あふ》れた動きを作るというディズニーの教えをおそらく最も忠実に受け継いだのは日本です。東映動画、そしてスタジオジブリといった日本アニメ史の中心にいるスタジオは、物理法則をきちんと理解したうえでキャラクターを動かしていく「リアル」の作画にこだわります。

宮崎駿のアニメーションをどれでも想像してもらえれば、すぐにその感覚はわかってもらえるでしょう。少年少女たち、そして車や飛行機、兵器といったものまで、ありとあらゆるものが生命感溢れるかたちで生き生きと動いていきます。

短編作品の世界でも同じです。いかに生き生きとした運動を作るかということが、抽象アニメーションや実験的なアニメーションでのひとつの大きな評価となりました。国際映画祭でも、アニメーションであれば、言葉に頼らず動きで伝えるのがアニメーションの本質である、というスタンダードができ上がっていきます。それであれば、言語や国の違いを超えて、国際的なコミュニケーションが可能になるからです。

有機的な生命体が生き生きと動く――それこそが、二〇世紀におけるアニメーションの共通認識だったわけです。

人間よりも背景が生きている

さて、長いこと歴史を振り返ってしまいましたが、それによって、新海誠の何が革新的なのかが、わかってもらえるようになるのではないでしょうか。改めて確認します。『彼女と彼女の猫』は、どういった作品だったでしょうか。そうです。人、つまり有機体が登場しないアニメーション作品なのです。それでいて、観客は心を揺さぶられてしまうのです。動くもの（モーション）は存在しない。しかし、心は揺さぶられる（エモーション）。モーションからエモーションへ、というのが新海誠の新しさなのです。

動くものがいない新海誠の初期作品において、人はなぜ心を動かされてしまうのでしょうか？　そのひとつの要因は、動かないものの存在であるといえます。たとえば、人物の不在と比べると、ずいぶんと存在感がある「背景」です。

背景は、新海作品の特徴として真っ先に挙げられるもののひとつだと思います。近作であれば、すごく精密に描かれた、非常にきれいな東京の風景が思い浮かぶでしょう。『彼女と彼女の猫』にしても、人間キャラクターの造形のちょっとした拙《つたな》さと比べると、街を構成する無機物や植物の滾《たぎ》るような姿には何かグッとくるものがある。

一般的なアニメーションは、背景よりも人間（キャラクター）に力を入れるものです。少なくとも、観客の関心の中心はそこに注がれる。そのことを見越してか、とりわけテレビ・シリーズなどあまり労力をかけられないアニメーションでは、背景は簡素化されることが多い（とはいえ近年のアニメでは背景もかなり精密ですので――新海誠の影響も少なからずあるのではないでしょうか――作るのは本当に大変だなと思います）。お店の看板には「店」と書いてあったり、本の背表紙も適当だったり、ほぼ「記号」に近い。

一方で、新海誠は、（第一章でも語ったとおりの制限されたリソースとスキルを前提としたうえで）個人制作という体制で用意できる労力を、人間キャラクターではなく、背景に注ぎ込んでいる。人間が書き割りのように単純であるのに比べて、背景には観客がぱっと見た時、情報処理しきれないような精密さがある。少なくとも、人がアニメーションを観る時に当たり前としている注意配分とは違った振り分けられ方をしている。

新海誠は自作の背景について「いつまでも眺めていられるような」ものになることを意識しているそうです。アニメーション映画は時間の芸術です。個人で作ろうが、集団で作ろうが、同じように時間が過ぎていく。一般的なアニメーションは、動くものを作ることで、その時間を経過させようとする。一方で、新海誠は、何も動かさないままで、緻密な背景と、そこに差し込む光や雨といった状態の微妙な変化によって、その時間を経過させようとします。

動きで時間を経過させる場合、動きと時間は同じペースで過ぎていく。一対一対応になっている。一方、状態の変化を伴う背景は、勘所を摑《つか》んで描いて提示すれば、おそらくいつまでも見ていられるようなものになる。

しかしもちろん、いつまでも見せつづけるわけにはいきません。重要なのはあくまで人間のドラマを描くことです。結果として「いつまでも見ていられる」背景は、そのポテンシャルを温存したままに次のカットへと移動していきます。

全貌を捉えきれない観客は、自分自身のスケールを超えた何かと対峙《たいじ》したような気分で残される。新海誠作品に余韻を感じる人は多いと思いますが、それは、物言わぬ無機物や自然に対してそう感じると同時に、背景と時間のアンバランスさゆえにもたらされるものでもあるといえるかもしれません。きわめてアニミスティックな世界観であり、同時に、(壮大な景色に比べて)自分があまりにも小さいようにも感じられてしまう。余韻は、寂しさにもつながりうるのです。

モノローグ的な世界

人の存在しない(存在したとしてもあまりにちっぽけな)風景は、寂しさを高めます。

人が見えない寂しさです。

新海作品の場合、そこにさらに別の要素が重なることで、寂しさがブーストさせられます。誰もいない風景が、観客にとって自分自身が眺めている一人称的な風景に見えてくるのです。ボソリとつぶやかれるようなセリフ、つまりモノローグ的な言葉こそが、世界からの疎外感を高めるのです。この世界において、人は画面の中におらず、そのかわりに外にいる。とてもきれいで壮大な世界から、観客も含む人間は、排除されてしまっている。少なくとも、距離ができている。きれいな日常の世界の中に、自分自身は入れない。

新海作品、とりわけその初期作品におけるもうひとつの特徴が、モノローグ――つまり独り言――の連続で構成される脚本です。たとえ登場人物が複数いたとしても、そのあいだで言葉がやりとりされていたとしても、それらの言葉も本質的に独り言のように思えるのです。

『ほしのこえ』がやはり象徴的です。メールは星の彼方《かなた》にいる相手に届けるものですが、それが本当に届いているのかはわからないので、それはもはや自分自身に言い聞かせる独り言になっていく。『彼女と彼女の猫』でも、主人公の猫の言葉は、「彼女」には決して届きません。『秒速5センチメートル』もそんな自らのセリフの性質に意識的であるかのごとく、目の前にいる人に対する届かない思いについての三編が展開されていきます。

ただし、その寂しさは優しさとも表裏一体です。独り言は、誰にも届かないかわりに、誰からも否定されない言葉であるからです。対話がないことによって、実際には自分自身が守られる。そして画面には発話者がほとんど登場しない。それによって、その独り言は、誰から発せられたのかがわからないものとして、抽象化していきます。

ドン・ハーツフェルトが「棒線画は情報を具体的に示さないがゆえに、観客とのインタラクション（観客が補完してくれる）を呼び込む」という話をしていたことを本章でも紹介しました。新海誠については、おそらくセリフに対しても同じようなことが起こる。発話者の存在が見えないことによって、その言葉は自分が発したものでもありうるかもしれない、という余韻が呼び込まれる。

新海誠におけるインタラクションを呼び込みやすい余韻のある言葉遣いや言葉のセンスは、もしかすると、国文学に対する興味関心から来ているものなのかもしれません。日本の古典文学に親しんできたという新海誠は、『言の葉の庭』と『君の名は。』において、古典を直接的に作品のモチーフとして持ち込んでいます。日本にも古くからある詠《よ》み人知らずの歌であったり、悲しみを詠《うた》った和歌であったり、少ない言葉で余韻たっぷりに感情を引き立てる言葉が、新海誠作品におけるエモーショナルな言葉の源流として考えられるのです。ある意味で言えば、新海誠におけるキャラクターの匿名性・無名性は、アニメーションにおける「詠み人知らず」なのかもしれません。特定の人物に回収されず、それゆえに「自分自身のものでもありうる」寂しい世界こそが、モーションなきままにエモーションを喚起するために一役買っているのです。

宇宙へと響き渡る独り言

壮大で美麗に描かれる世界のなかで、生きて動いている者の姿が見えないまま、具体的な人物に回収されることのない言葉が抽象的につぶやかれる……そんなふうにして、新海誠は寂しさの物語を語ります。

それは、孤独の物語でもあります。本章で二〇世紀的なアニメーションのかたちとして引き合いに出したディズニーと比較すると、同じように観客の心を揺さぶる（泣かせる）

としても、その方法論が異なります。たとえば、ディズニーの「プリンセスもの」は、孤独だったお姫様が最終的には王子様と結ばれるという物語を描きます。欠損していたものが埋め合わされることのカタルシスが心を揺さぶるわけです。

一方で、『君の名は。』以前の新海誠作品においては、登場人物たちは「欠けた」ままです。『ほしのこえ』におけるノボルとミカコは銀河の果て同士に離れたままですし、『秒速5センチメートル』の貴樹は、中学生の頃にドラマチックな出来事で心を通わせた明里への思いを抱えたまま生きつづけます。『言の葉の庭』のふたりも、思いを寄せ合いながらも、最終的には離れ離れになります。新海誠は、どれだけ近いように思えたとしてもどこかで距離が残ってしまい、どこまでいっても届かない声を、初期作品においては響かせつづけています。

そこで発せられる声が、完全に孤独なわけではないというのもポイントです。新海誠の多くの作品は、「ふたり」の物語です。そのふたりは、遠く離れていても（お互いのいる状況が違っていても）、同じようなことを考えている。新海作品の多くで、クライマックスに、そのふたりの声は重なり合って、ユニゾンします。

しかし、そのことこそ、独り言感を壮大にしていくといえるのではないでしょうか。宇宙に引き裂かれた恋人たちが同じ声を発した時、それはつまり、宇宙の端から端まで、独り言がこだまし、響き渡ることになる。そのふたりの声はお互いに否定し合うことも傷つけ合うこともなく、むしろ、自らを慰撫《いぶ》するだけの、寂しさによるエモーションを高めることでなんとか自らの存在を保とうとする、自己発火装置のようなものになります。相手を求めているように思えて、実際には誰かと関係性を作り上げようとするものではないわけです。

『ほしのこえ』や『彼女と彼女の猫』を観て思うのが、非常に現代的な物語であるということです。『彼女と彼女の猫』であれば電話（家電話）、『ほしのこえ』であればガラケーといったように、通信機器が重要なモチーフとなります。登場人物たちは、それによってどこかと通信しようとするものの、うまくコミュニケーションにつながらない。つながっているけれどもつながっていないという逆説的な状況ができ上がってくるわけです。それがまさに、私たちがいま生きる時代のリアリティをしっかりと掬い上げてくれているように思えます。

第一章で取り上げたインタビューの話に再び戻ると、新海誠は小学生の頃からコンピューターを使って「アニメーションのようなもの」を作ってきました。前章では、その「アニメーションのようなもの」に「動き」が含まれていないことに着目し、新海誠のアニメーションの革新性について考えてきましたが、今回注目したいのは、「コンピューターを使っていた」ことです。新海誠の年齢（一九七三年生まれ）を考えると、小学生の頃からパソコンに慣れ親しんでいたというのは、かなりナード的な人であるといえます。インターネット以前の、パソコン通信の時代を通過しているわけです。実際、新海誠は個人作家活動の時代からインターネット上でも個人ホームページを作って発信をしており、そこでファンたちと交流をしていたのです。モニターを通じて、遠隔の誰かとつながるという経験をしてきた。

近年、インターネットがＳＮＳの時代に入って、インターネットは自分と近いもの、同じ価値観を持った人との出会いを強化するものになっている、とよく言われています。過去の検索履歴や購入履歴によって検索結果がフィルタリング化されることで、過去の自分の好みから逃れることのできない「フィルターバブル」と言われる現象も起こっています。

モニターを通じて出会う人たちは、おそらく、まったく考えの違う人たちではなく、自分と同じような人たちに自ずとなっています。

おそらくそれは、SNS以前から同じだったはずです。パソコン通信の時代であれば、同じ時期にコンピューターをはじめとした情報通信まわりについて詳しかった精鋭たちが集っていたのであり、「2ちゃんねる」（現・5ちゃんねる）をはじめとするネット掲示板のようなアンダーグラウンドな世界も、その界隈《かいわい》のルールに通底した人たちだけが長く残っていく。遠く離れたところに、自分と同じような人たちがいる――新海誠の宇宙的な独り言というのは、情報通信以後の時代における人間のリアリティをうまく掬い上げたものなのではないでしょうか。

それは簡単に言うと、他者がおらず、自分自身もしくは自分自身と価値観を同じくする人しかいない世界です。『ほしのこえ』のラストでノボルが「軍隊に入る」という決断をしていたことがわかります。メールのやりとりをしても数年もギャップが生まれてしまうがゆえにいつしか忘れてしまうようになった同級生のミカコとの関係性があって、しかし最終的には、彼女と共に戦うために、自分自身も軍隊に入隊し、そして宇宙人との戦争に赴く。このラストに少しギョッとさせられるところがあるとすれば、おそらくここで考えてきたように、新海誠が描くのが、宇宙の果てにまで広がる究極的なモノローグ世界であるということです。そしてそれは、私たちがいま、生きている世界の姿についても語っているのです。

世界や自分に意味を見出したい、見出してもらいたい

どこか遠くから、自分の思いに呼応するものが返ってくる。それは陰謀論的な構造でもあります。新海誠とオカルトの関係はかなり強く意識的でさえあり、『君の名は。』や『天気の子』では日本を代表するオカルト誌である「ムー」が登場します。

オカルトというのは、世界の謎について考えるもののように思われますが、実際には、人智を超えた世界を人間にもわかるように解釈しなおすものです。世界を自分たちの思いに従って読み解く技術であるがゆえに、陰謀論的なところがあります。それはつまり、私たちの限界をどこかしらで認識しつつも、世界のかたちをシンプルに捉えようとするものでもあります。

私は、新海誠とオカルトの関係にも、何かしら現代的な切実さを感じてしまうのです。さきほど、新海作品においては、人間よりも背景世界のほうが巨大で優越しており、人間はとてもちっぽけであるという話をしました。そこにまた新たな視点を加えていきたいと思います。

第一章でもたびたび言及した、ロトスコープというアニメーション技術があります。実写をトレースしてアニメーションを作る技法です。この技法に対しては、「実写でできるものをなぜわざわざアニメーションにするの？」という疑問がよく寄せられます。それに対する答えはさまざまにありえますが、そのうちのひとつに、「現実の余韻を入れ込みたいから」というものがあります。

絵により構成されるアニメーションは、すべてを単純化し、作り手の想像力だけで世界を作りがちです。そんなアニメーション世界のなかに少しばかりのノイズを入れたい時、ロトスコープは重宝します。単純化された映像のなかに、ロトスコープを通じて、「現実的なもの」がなだれ込んでくるからです。俳優の動きを撮影してトレースすれば、その俳優の魅力的な動き――アニメーターが想像しただけでは入り込まないようなノイズ――が入り込みます。アニメーションの世界に豊かさをもたらすために、実写が必要になるのです。

エストニアのアニメーション界の巨匠、プリート・パルンは、ありふれた日常的な動きを描く時、アニメーションはその日常に新たな光を当てることができると言っています。アニメーションは一コマずつ絵を描かなければなりません。実写でやってしまえば簡単に映像化できる日常的な仕草をわざわざアニメーションで描きなおすことは、なんでもないように思えるその日常的仕草に、何か深遠な意味があるに違いない、と思わせることにつながりうるからです。

新海誠が実写をベースに背景をきれいに描くことは、これらの考え方につながるところがあるように思われます。写真を元にして描かれる、つまり現実がなだれ込むような豊かな新海作品の背景は、それに比べるとシンプルな人間描写との対比のうちに、そこに何か深遠なる意味があるに違いない、ということを無意識的に思わせるトリガーになります。

新海誠作品の背景は、アニミスティックな世界を生み出します。なんでもない日常的な街の景色や自然が、単なる記号の書き割りではなく、生命の息づくような鮮明さを持つと思えるようになるのです。それは、私たちの生きる世界は美しく崇高である、という現実肯定の感覚へとつながっていきます。意味を見出したくなってくる。もっと言えば、その美しさを発見している自分へのカタルシスへとつながってくる。巨大で崇高な世界に、意味を見出している自分に対して。

そういえば『君の名は。』の公開後、撮影した写真を新海誠風にできる、というフィルターソフトのことが話題になりました。なぜそのソフトが話題になったのかと言えば、私たちがいま、美しいフィルターで世界を彩ることに囚《とら》われているからです（そのソフトは結局、無断で作られたため、配信停止となりました）。たとえば、二〇二二年現在定番化しているインスタグラムは、ユーザーの日常世界を、みんなが羨むような素敵な、意味ある世界に仕立て上げることで、ほかの人から「いいね」をもぎとろうとすることを後押しするSNSです。自分の人生には何か人の目を引く意味深いものがあるのだ、と示そうと誇示するものです。

思えば、新海誠の初期作品の孤独なキャラクターたちは、その孤独さを裏返したかのような承認欲求の高さを感じさせます。もっと言えば、ある種のナルシスティックな感じです。自分ひとりが苦しみ、世界を背負っているかのような。自分自身の孤独の苦しみが何かカッコよいものであるかのような。それはつまり、誰かから見られることを想定した孤独さであるといえます。『秒速5センチメートル』の第二話における貴樹は、まさにそんなナルシスト性の塊です。でもそれは、現代に生きる我々の姿の写し絵であるようにも感じられます。

そんなことを考えながら『彼女と彼女の猫』を観てみると、この作品が映す映像は、まるで隠しカメラで撮られたもののように見えてきます。これもまた、誰かに自分の人生を意味あるものとみなしてもらいたいという承認欲求の高い孤独さの裏返しであるかのように見えます（もしくは、自分のプライベートを切り売りするリアリティ・ショーのような）。どこかで誰かが、自分の孤独な姿を見てくれているのではないか……人間があまりにもちっぽけな世界においては、そんな夢想こそが、心を盛り上げてくれるのです。

シンクロすることは気持ちいい

人間の存在感が書き割りのように薄く、時にはそもそも人間のいない新海誠作品において、観客は何か意味のあるものを探し求め、そして自分自身をそこに投影してしまう……『ほしのこえ』でミカコとノボルは地球と宇宙の果てに引き裂かれ、それでも同じ言葉をつぶやきますが、それと同じように、新海誠作品を観る私たちは、スクリーン（もしくはモニター）のこちら側と向こう側に引き裂かれながら、寂しさを解消できる何かを、もしくは寂しさの感情を謳歌《おうか》することを選ぶ。新海誠の作品は、動く人間の姿というアニメーションに本来あるべきものを欠けさせることで、観客である自分が反応すべき、中心となって見るべき（意味や物語を探るべき）何かを求めて視線を彷徨《さまよ》わせる、双方向性（インタラクション）を持っているといえます。

あるべきものが失われている一方で、過剰なまでに一体化してしまうものがあります。それは、またしても、ディズニーとの比較によって見えてきます。キャラクター（人間）に関して、動くものに生命感のイリュージョンを付与することでリアリティを生み出し、作品世界に惹きつけていたのがディズニー（あるいは、ディズニーが打ち立てた二〇世紀のアニメーションのスタンダード）であったとすれば、それとは逆の方法で観客の心を揺さぶることに成功しているのが新海誠である、というわけです。

一方、ディズニーが『白雪姫』に至るまでに発見した、映像と音楽のシンクロという点では、新海誠はその二〇世紀的マナーに忠実で、むしろそれを突き詰めているといえます。

ジャズ・ミュージシャンの菊地成孔《なるよし》と批評家・音楽家の大谷能生《よしお》の共著『アフロ・ディズニー エイゼンシュテインから「オタク＝黒人」まで』（文藝春秋、二〇〇九年）という本があります。映像と音楽の関係性を広く扱った本書において、ディズニーは「ノイズなきシンクロ」といったような特徴で語られています。アニメーションは一コマ単位で映像を操作することができます。ディズニーはその利点を活かして、映像と音楽で厳密なシンクロをしていきます。時に、先行して作られる音楽に対して映像が従属していくケースもありました。ディズニーにおける映像と音楽のシンクロ関係は特徴的で、「ミッキーマウシング」と呼ばれるほどでした。そのシンクロはおそらく、ディズニーが「欠けたものが埋められる」というカタルシスによってハッピーエンドを生み出したのと同じく、「一致することの快感」によって、観客を魅了します。本来離れているものが一致すると（似ているところがあると）、なぜか人はそこに嬉《うれ》しさを感じてしまうのです。

菊地成孔と大谷能生は、ファッションショーにおける音楽とモデルのステップのリズムの関係を分析します。一般的に、クールな印象を与えたいファッションショーにおいては、モデルは意図的に音楽のリズムを外すようにしてステップを踏みます。一方で、近年の日本において非常に巨大なものとなっているファッションショー「東京ガールズコレクション」では、ファッションモデルたちが音楽にあわせて歩き、観客たちを熱狂の渦に巻き込みます。それをふたりは、ミッキーマウシングと重ね合わせるわけです。

人間はなぜか、映像と音のシンクロにカタルシスを感じてしまう。ソ連の映画監督・演出家のセルゲイ・エイゼンシュテインは、一九二〇年代〜三〇年代の映画界を席巻したディズニーの映画に魅了されたうちのひとりでした。そしてやはり、映像と音楽のシンクロに注目します。ほかにも、ディズニーのアニメーションの滑らかな動きが「子宮回帰的」で心地よい、といったことなども含めつつ、ディズニーの作品が社会階級や人種、国境を超えて人々を魅了していることに驚きを覚えます。

エイゼンシュテイン自身は、映画の「アトラクション」としての力に注目した映画監督です。「映画拳」という言葉で、映画を通じて観客を「殴る」ということを考えてもいました。エイゼンシュテインは当時、ソ連という新進国家のイデオロギー——社会主義——を一般大衆に広めるため、映画の力を利用しようとしていました。ほかの芸術と違って、動く映像という「身体に効く」手段を持っている映画は、観客にショックと熱狂を与え、映画が示す思想の色に塗り替えることができると信じていたのです。そんなエイゼンシュテインは、ディズニーが世代も国も超えて人々を興奮させていることに、自らの映画論の究極を見たのです。

エイゼンシュテインはディズニーのアニメーションについて、「知っている」のに「感じてしまう」という言い方をしています（セルゲイ・エイゼンシュテイン、今井隆介訳「ディズニー（抄訳）」、「表象」第七号、二〇一三年、表象文化論学会）。それが絵であることは「知っている」のに、生きた人間のように「感じてしまう」。それが本来は動かぬ絵であることも「知っている」のに、動いていると「感じてしまう」。それがアニメーションの特徴だと考えるのです。

エイゼンシュテインは全世界の芸術を研究する理論家でもあり、芸術に共通する「方法」がないかを探っていました。その過程のなかで、芸術の作り手だけではなく、受け手である人間のことも深く考えることになります。そして、人間の知覚に潜むいくつかの法則性についても研究します。一九世紀以降に勃興していた心理学や生理学の知見などを参照し、錯覚という現象に興味を持ちます。たとえば、ひとつの頂点が欠けた絵を見たとしたら、人間はそれを勝手に補完してしまう、といったことです。新海誠における不在の人間もまた、同じような効果を生み出しているでしょう。

人間を「動物」として捉える

ディズニー自身、『白雪姫』に至るまでの「リアル化」「人間化」の過程のなかで、たとえばロトスコープのような実写トレースの手法でも、実写の動きをそのままなぞってもダメで、どのようにしたらリアルに「見える」かを考えねばならないと言っています。

これらの話がどのようなところに着地するのかと言えば、エイゼンシュテインやディズニー、新海誠は、人間をある種の「動物」のようなものとしてみなし、どのようにすればその動物性を強く反応させることができるかを考えていた、ということです。それは人間を知的な動物としてみなすというよりは、もっと「本能」や「反射」といった知性でどうにかできるわけではない部分を持つ生き物としてみなすという考えです。

人間に対するそういったアプローチは、二〇世紀後半になって、脳科学、神経科学、認知科学といった分野で突き詰められて考えられつつあります。たとえば広告ではいかにして消費者の記憶に残り、購買に向かわせるかが重要なのですから、働きかけたい相手である人間のクセ（もしくはバグ）を活用したいと思うのは自然なことです。

『サイダーのように言葉が湧き上がる』（二〇二一年）などの作品で知られるアニメーション監督のイシグロキョウヘイは、とあるトークイベントにて、新海誠の映像・音楽のシンクロの技術について、「あそこまでベタにやるのは照れてしまう」（勇気がいる）と語っていましたが、それが意味するところは、そういったことをあえてしっかりとやってしまえるのが新海誠の強いところである、ということです。ここでのイシグロキョウヘイは、ファッションショーにおけるクールな関係性（ズレ）側から、東京ガールズコレクション的な新海誠を見ているということになります。

新海誠の「人間のいない」アニメーションも、アニメーションの常道から外れているわけですが、この流れで考えると、決して実験的でもスカしているわけでもないことがわかります。人がいかにして自分自身の作り出す映像に直接的に反応し、気持ちを高めてくれるかをある程度意識的に考えていて、人間がいないということ自体も、観客を深く関わらせるための方法論として選ばれている可能性があるのです。

『君の名は。』や『天気の子』が公開された後、新海誠は作品の「感情マップ」を自身のSNS上で公開して話題になりました。このマップは映画のどのシーンにおいて、観客のどのような感情を引き起こすのかということを、事前に計算し、その感情的な盛り上がりの変遷を図にしたものです（次ページの図を参照）。ここからもやはり、新海誠が「何を語るか」ということだけではなく「語ったものに対して観客をどのように引き込んでいくのか」もまた重要視しているのがわかります。

『彼女と彼女の猫』や『ほしのこえ』を愛したのは、主に新海誠と同世代のアニメファンたちでした。『秒速5センチメートル』は、同時代を生きる若者（とりわけ男性）に刺さりました。これらの作品は、『君の名は。』から入った新参ファンからすると「気持ち悪

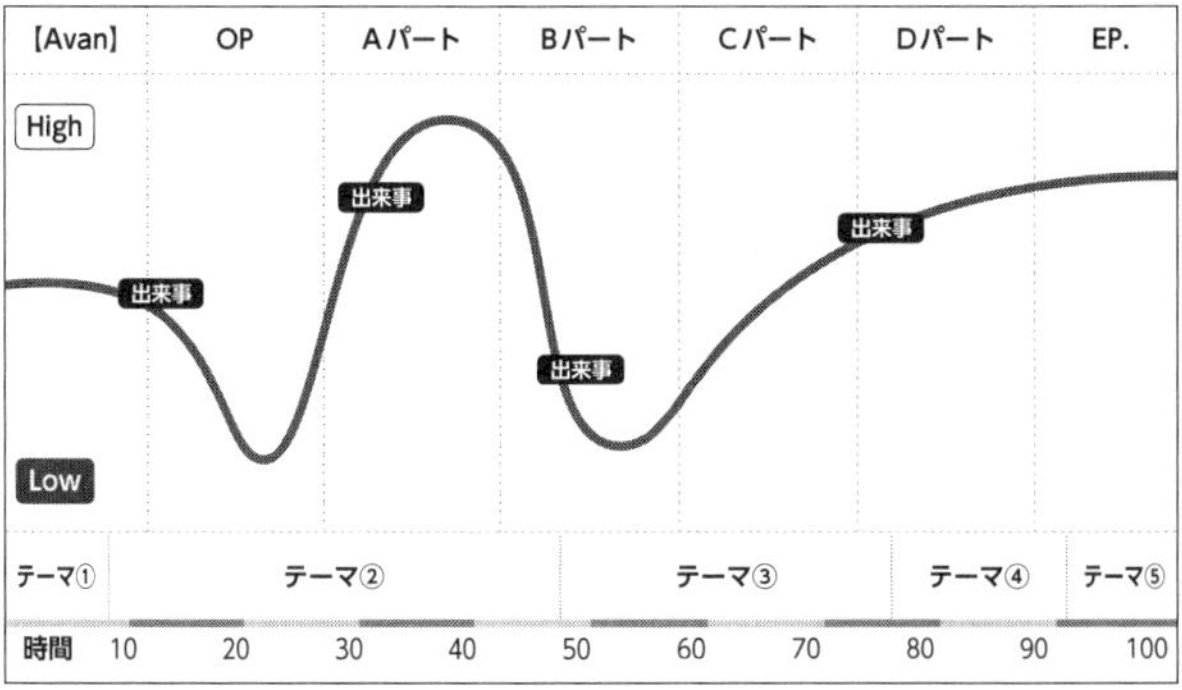

感情マップ　例（新海誠氏のSNSを基に編集部が作成）

い」という評価がなされることがあります。『君の名は。』以降と比べると、かなり狭い層へと刺さるように最適化されたものだったからです。

新海誠のフィルモグラフィーを改めて振り返ってみると、自分自身と似た人たちに届けるスキルが作品ごとに磨かれていくキャリアであると考えることができそうです。そもそもは同人的に、二次創作的に、自分の好きなものを好きなように作ることで自分自身と同じような人たちに向けて作品を届け、それが次第に「同世代の男性」全般へと広がっていき、そして『君の名は。』において、現代を生きる日本人（そしてさらには世界）にまで到達する。新海誠のキャリアとは、「自分と同じ」というものを、次第に巨大な幅へと広げて見つけていく過程であるといえるのかもしれません。
新海誠の観客の心を摑むメソッドは、自分と同じ趣味嗜好《しこう》を持った人だけではなく、「人間であれば誰でも」へと拡大されていくかのようである――そんなことを、新海誠の人間不在の世界と「心地よい」編集のリズムは思わせるのです。

『秒速5センチメートル』のクライマックスでは、山崎まさよしの曲「One more time, One more chance」が鳴り響きます。社会人となって子どもの頃からの恋愛を引きずりながら新宿近辺に暮らす貴樹に対し、明里のほうは結婚が決まり、田舎から上京します。ふたりは東京でニアミスをして、感動の再会を果たす……となるかと思いきや、「そんなことはありえない」とばかりに悲しげに笑って去っていきます。新海誠おなじみの男女ふたりの声のかけ合いの後、コンビニのBGMとして控えめに鳴っていた山崎まさよしの曲の音量が一気に上がり、雪の降る新宿の光景がドラマチックに彩られていきます。そして音楽の盛り上がりにあわせて、そのミュージック・ビデオであるかのようにして、映像は細かくエモーショナルに編集され、「君」のいない東京の街のいくつもの美しい姿を見せていきます。

「いるはずのない場所に不在のあなたを探してしまう」という趣旨の歌詞の内容もあわせて、このシーンはまさに本章が指摘する内容をうまくまとめてくれるかのようです。美しい街に、しかし求める人はいない。そして、「こんなところにいるはずもない」という事実が寂しさの感情をカタルシスにまで高めていく。さらには、映像と音楽の融合が、あたかも自分自身をこの世界という物語の重要人物であるかのように錯覚させてくれる……。

映像と音楽のシンクロが世界のさまざまな場所に「君」を求めさせ、見つからないことこそがあたかも重要であるかのように感情を高める。インスタグラムのフィルター的な、美しく、そして誰かに見ていてほしいという承認欲求的な世界観。君（人間）がいないからこそ、その承認欲求のスケールはアニミズム的に世界中・宇宙へと広がり、視線を彷徨わせる。この世界を構成するすべてが、孤独でナルシスティックな心を高めていく。

人間のいないアニメーションとしての新海誠の初期作品は、動くものがいないかわりに、観客である私たち自身が自分自身の情動を動かして燃やしていきます。それは、孤独感や承認欲求、つながりを求めはすれど出会える相手は自分と似た人だけという私たちの姿を反映したものであるといえるかもしれない。『秒速5センチメートル』はSNSの時代以前の作品ですが、二〇二二年の現在、世界中の孤独な人々の心を動かしうるものとしてまったくその効力を失っていないといえるでしょう。

第三章　国民的ヒット作『君の名は。』
——器としての人間

いかにして国民的ヒット作は生まれたか

前章までは、新海誠の初期作品に注目し、「個人作家出身」であるという経歴から生み出される二一世紀的なアニメーションの特徴を、世界のアニメーション史の概説も交えながら考えてきました。

本書の後半戦のスタートとなる本章からは、「国民的作家」としての新海誠について考えていきます。本章のメインとなる『君の名は。』は、日本の映画史上に残る大ヒット作になりました。それは、「個人作家」的であるがゆえに、ある意味、玄人《くろうと》好みで先鋭的であるとさえもいえてしまった新海誠が、一般的なアニメの傾向や特徴をいかに呑《の》み込んでいったのかという過程を探ることでもあります。

『言の葉の庭』

『君の名は。』の前に、まず『言の葉の庭』の話をしたいと思います。この作品には『君の名は。』での大ブレイクに至るまでの準備段階のようなところがあるからです。

たとえば、舞台が新宿であること。メインの舞台は新宿御苑で、高校もその近くであることを想像させます。一方、『君の名は。』の主人公・瀧の家は四ツ谷が最寄り駅で、新宿区にあります。新宿自体、新海誠のお気に入りの場所のようで、『秒速5センチメートル』では新宿西口、『天気の子』では歌舞伎町から職安通りあたりも舞台になっています。

また、光の表現も特筆すべきものがあります。光の照り返しの表現によって、画面の印象が「緑」になるのです。この作品は大半が新宿御苑で進むわけですが、その緑に溢れた環境が、梅雨の時期ゆえの雨と雲のあいだからの光を浴びる。それにより、日常的な新宿の街が自然と輝いていく。シーンによってはあまりに過剰すぎて、「暗いはずの場面なのにどこに光源が？」と思ってしまう瞬間もあったりするのですが、光が日常を輝かせるというところも、『君の名は。』のプロトタイプのような感じがあります。

文芸、とりわけ、日本文学からの引用も、その後の作品につながっていきます。本作のヒロインは高校の古典教師で、作中『万葉集』の歌が取り上げられたりする。『君の名は。』の三葉の学校の古典教師は実は同じ人らしいのですが、『君の名は。』でも『万葉集』や『とりかへばや物語』が物語の面でも大きくフィーチャーされていくのです。

もう一点だけ挙げるとすれば、現実に存在する商品の登場です。『言の葉の庭』の主人公が持っている交通系ＩＣが実際にＳｕｉｃａであることが推測されたり、主人公の家にサントリー天然水があったり、兄の引っ越しのシーンでは伊右衛門のペットボトルの箱が置かれていたり、新宿の景色にも実際あるものと同じ看板が映っていたり……普通であればメーカーや商品の名前を微妙に変えたりするものですが、それをしていない。

新海誠はこの後、サントリー天然水のＣＭを手掛けるようになります（『君の名は。』ではコラボCMをしています)。また、『天気の子』ではその種のタイアップがさらに大規模に行われます。

こういったことが新海誠による唯一無二の試みであると言う気はありません。たとえば日本のアニメ『TIGER & BUNNY』(二〇一一年—)では、ヒーローがスポンサーと契約して活躍する世界が描かれますが、ヒーローたちの戦闘スーツにはソフトバンクやバンダイといった実在の会社のロゴが入っています。このように作品内で実在の企業や商品を登場させることは「プロダクト・プレイスメント」と呼ばれ、『言の葉の庭』公開時の二〇一三年には、一般的ではないものの、決して新しいものではありませんでした。

しかし、新海誠作品の場合、そもそも作品の性質的にCMとの相性の良さが指摘できます。簡単に言ってしまえば、新海誠の作品においては、「この世界が輝いて見える」ことが重要なわけで、この世界のなかに登場する商品もイメージが下がらない。非常にナチュラルに登場させられるわけです。

こんなふうに、『言の葉の庭』は、これ以降の新海誠の要素が出揃う場であるともいえるわけで、本書の後半を始めるのにもってこいの作品なわけです。

『君の名は。』にあって『言の葉の庭』にないもの――「キャラっぽさ」

ただし、『言の葉の庭』とそれ以降の作品には大きな違いがあります。キャラクター・デザインの方向性がもたらす、「キャラっぽさの不在」とでもいうべきものです。

『言の葉の庭』の主人公の少年は高校一年生で、靴の職人を目指している。この設定は『君の名は。』の主人公である瀧が建築家もしくは都市デベロッパーを目指すところにつながっていきます。ふたりともすごくデッサンがうまい。現実を端正に捉えるわけです。

一方、『言の葉の庭』のヒロインとなる女性は、主人公が通う学校の古典教師で、主人公にとっては先輩たちにあたる学年を担当していたのですが、学生からのいじめにあって心身を病み、学校へ来れないでいる。そんなふたりが新宿御苑で出会うことから、この物語は始まりますが、ふたりとも非常にまっすぐで、端正です。

そんなふたりのキャラクター・デザインもまた端正な造形となっています。それはおそらく、いわゆるアニメ的な文法で言えば、遊びの幅を持ち込みづらいデザインであるともいえるかもしれません。顔のパーツをしっかりと描くので、人間味があるというよりは、書き割りっぽくも見えてくる端正さと言ったらよいでしょうか。

キャラクターの性格自体も真面目で端正なんですが、一方で変な生々しさがある。ヒロインの女性教師は、物語上は学生からのいじめに苦しむかわいそうな人というポジションなのですが、よくよくその行動を追ってみると、同僚の教師と付き合っていたようだし、その後何をするかといったら高校一年生と恋愛関係になるわけで、教師としては完全にアウトなわけですが、なんだかその妙な生真面目《きまじめ》さとまっすぐさがリアルな感じを生んでいる。

一方、主人公の少年にも、空恐ろしいくらいの純粋なまっすぐさがある。少年らしい素直さや純情さはものづくりに対してだけではなく、ヒロインに対する気持ちにも表れており、その言動やふるまいは、見ていると赤面してしまいそうになります。

新海誠は初期の作品から、あたかもカメラで撮影されたかのような画面づくりをしていました。レンズで捉えたような光学的な効果を入れている。『言の葉の庭』について言うと、あまりフレーミングが定まっておらず、ホームビデオ、もしくは隠しカメラの映像っぽさがある。これは（前章でも指摘したとおり）新海誠の初期作の『彼女と彼女の猫』にも共通するのですが、カメラの置き方の生々しさもあって、本作の登場人物たちはアニメのキャラというよりは、実際に存在する人間の生々しさを浮き立たせます。全体として本作は、ある種のドキュメンタリー性を強く感じさせる。この部分は、爽やかなフィクションという印象が強い『君の名は。』とかなり違います。

新海誠が手掛けたCMについて

ここで、先述した新海誠が手掛けるCMについて考えたいと思います。

新海誠は二〇〇〇年代の後半から二、三年に一本ぐらいのペースでCMを手掛けています。最初が二〇〇七年の信濃《しなの》毎日新聞のテレビCM。新海誠は長野県出身なので、そのつながりでオファーがあったようなのですが、このCMを観ると、むしろそれ以降しばらくのオリジナル作品よりもいまに通じるところがある。キャラクターについても、デフォルメの効いたような「キャラっぽさ」があるのです。

新海誠とCMとのつながりを考えるうえで一番重要なのは、二〇一一年から現在まで五本制作されている大成建設のCMです。このCMでは共通して、いろいろな国や地方で開発に携わっている現場の人の世界をフィーチャーします。日常的な仕事が地図に残る仕事になっていくという、そのドラマチックさを描いていく。

これらの仕事を観て改めて思うのが、新海誠の作風が非常にＣＭ映えするということです。ＣＭという空間は自社もしくは自社の商品をプロモーションするものであり、その本性があるゆえに、異様なポジティブさがある。それと新海誠の世界観は非常に合う。

そもそも、日本アニメの文脈で巨匠と言われる人たちと比べると、新海誠には「思想性」のようなものがかなり薄いように思われます。現実社会にべったりと、ある意味で無批判的と言っていいくらいに、寄り添っている。「世界はこのようにあるべきではない」ではなく、「世界はこうですよね、そんななかで頑張りましょうね」というような違いがある。

アニメーションは基本的に、現実から離れた世界の描写に長けていると見られることの多いメディアです。その受容の歴史を振り返ると、現実不適合な人たちが入り込める空間を現実とはまた別に提案するためのひとつの手段として捉えられることも多かったわけで、過去、いわゆる「作家」として認識されてきた人たちの作品には、現実社会に対する批判的な姿勢が意識的、無意識的に埋め込まれています。宮崎駿や高畑勲、富野由悠季《とみのよしゆき》、押井守《まもる》、細田守もそうです。

一方で、新海誠についてはそこら辺がまったくといっていいほどに感じられない。ただ単に、現実世界を輝かせ、称賛する。現実世界に批判的な作家のアニメーションをCMに活用した場合、その世界観を使ったパロディになりがちです。しかし新海誠の場合、作品の世界観とCMが本当にストレートにつながってしまう。現実を否定せず、肯定することに全振りする態度がそのような結果につながっていくわけです。

ちっぽけな日常・人間に意味を与える――二一世紀のアニメーションの文脈から

新海誠の「現実肯定全振り」の姿勢については、アニメーション史を振り返ってみると、さらに違った角度からも捉えられそうです。「アニメーションは皆が共有するのとは違う現実を作ることである」というのが二〇世紀の基本モードとしてあったとすると、二一世紀には、「アニメーションは私たちと現実のあいだにつながりや意味を生み出してくれるもの」という新たなあり方が生まれてきているのではないかということです。

新海誠の作品は、世界を圧倒的に美しく描きます。一方で、キャラクターたちは無力です。少なくとも、世界に対してちっぽけなものしか加えることができない。無力なんだけれども、懸命に生きる。それこそが、自分がこの壮大で美しい現実に対してできる唯一のことである……前章で考察した新海誠作品におけるエモーションの厳選と共通する描き方をする作品が、新海誠以外にも、世界的にチラホラと見られるようになってきたのです。

たとえば、第一章でも触れたアレ・アブレウの『父を探して』は、ブラジルの戦後が舞台になっていて、主人公の少年の家族は貧困層に属しています。絵柄はとてもかわいいのですが、物語は非常に救いがない。幸せな少年時代は、父親が出稼ぎに行くことで終わる。少年は、いつまでも帰ってこない父親を探しに旅に出て、それを通じて世界のあり方を知ります。

旅の途中で、少年は父親を見つけたと思う瞬間がある。汽車から降りてくる中年男性は、かつて見た自分の父親の姿にそっくりなのです。しかし、次の瞬間、少年の希望は砕かれる。汽車からは次々と、同じような姿の男たちが出てきて、少年はどれが自分の父親かわからない。そもそも、その一団のなかに父親がいたかどうかも怪しい。一方、旅の途中で少年がお世話になる青年や老人は、自分自身の成長した姿であるということもわかってきます。

『父を探して』のキャラクター・デザインは、クレヨンなどを用いた手描きなので、見た目としてはとてもかわいいのですが、棒線画で描かれている。このスタイルの選択が、非常に効いてくるわけです。キュートなので思わず感情移入してしまうのだけれども、「まるかいてちょん」で描けてしまうシンプルさは、この主人公の家族たちが、ワン・オブ・ゼムにすぎないと示してもいる。ブラジルの戦後に無数に存在してきた、現実に対して無力に生きるしかない人々を描き出す手法になっているわけです。おそらく、父親のほうもまた、少年を見てもそれが自分の息子だとはわからなかったでしょう。同じ背格好の無数の子どもたちが、その背後にいるからです。

新海誠のアニメーション作品の世界観には、同じ種類の無力さが漂っているように思われます。本書のなかでは、個人制作出身の作家であるがゆえに、キャラクターをきちんと描くことにリソースを割いておらず、それこそがアニメーション史における新海作品の新しさを生み出しているということを語ってきましたが、その結果として生まれる無人称的で端正な人間像は、『父を探して』と同じような効果をもたらしている。

アレ・アブレウは、ちっぽけな存在としての人間の人生を丁寧にアニメーション化することで、その物語は観るに値するものであるということを語る。新海誠の作品では、キャラクターが匿名的で実体を欠いた感じに比べて、キャラクターたちが生きる世界が圧倒的に美しすぎるわけです。世界や環境のほうが、個人に対して圧倒的に勝っている。だからこそ、新海誠は、世界のなかで生きる個人を後押しすべく、無力な生に意味があると語るために、現実を全肯定するわけです。

それは裏を返せば、新海誠は、個々人が無力な世界のあり方自体は否定していないともいえます。そういう観点から考えると、CMとの相性の良さには、なんともいえない部分が出てくる。本書のなかでも、新海誠の作品とインスタグラム全盛の時代の相性の良さについて話題にしました。人々のエモーションが巨大企業の提供する巨大なプラットフォームの燃料となっていく時代と、新海誠の作品は間違いなくつながりあっている。個々人よりもプラットフォームが優勢である社会において、CMというものは、そういった世界のあり方を基本的には促進するものです。世界のいまの構造（ほぼイコールで資本主義社会ということになりますが）自体を否定するＣＭというのは、本質的な部分で考えづらい。同様に、新海誠はこの世界自体は決して否定しません。

二〇〇〇年代の日本のアニメーションで注目されるようになったジャンルに、日常系というものがあります。この言葉は、何気ない日常を舞台とした、ギャグを交えたキャラクターたちのやりとりによって進んでいくタイプのアニメーション作品を指すものとして用いられています。京都アニメーションの以前の作品（『けいおん！』など）がこのジャンルの代表作として考えられています。

このジャンルもまた、「現実世界と別の世界を打ち立てる」という二〇世紀的なアニメーション観では回収しきれないものかもしれません。日常系は日常＝日々生きる現実のなかで、愛《め》でうるものを見つけていこうと促す傾向があります。それは、近年、アニメの視聴体験として定番化しつつある聖地巡礼にもつながっていきます。とある現実の場所がアニメの舞台となることで美しく描かれ、さらにそこに愛でうるキャラクターたちが登場することにより、現実の世界との接合が図られ、新たな意味が付与されていく。

アニメーションが日常に近づくことにより、アニメーションを観るという経験は、日常から逃れてどこか別の世界に行くのではなく、むしろ現実との接点を作る（再構築しなおす）ことへとつながっていくのです。

現実というレイヤーをいかにして見つめなおすのか、いかにその認識をリフレッシュするか。新海誠の場合、近作には「スピリチュアルな」側面も入ってくることになります（パワースポット的な感性です）。そのあたりについては『天気の子』を語る際にまた話題にしたいと思います。


日常系アニメと新海誠の共通性について指摘しましたが、しかし一方で違う部分もあります。それは、キャラクターが存在するか否か、です。一般的な日常系の作品は、日常を過ごす人物たちを、愛すべきキャラクターとして描く。キャラクターたちが繰り広げる日常のなかに、視聴者や観客を置いています。あたかも、その場に居合わせたかのように。普通であれば共有されないような些細な、日常的な出来事を窃視させる「距離の近さ」があるわけです。

一方で、『言の葉の庭』までの新海誠についていうと、そこで観客が見るのは、端正ではあるがどちらかと言えばのっぺらぼうに近い登場人物です。そして、その登場人物たちは、世界から疎外されている。世界のほうに圧倒的なリアリティがあって、場違いなわけですから、そこに観客は、自分自身の姿を重ねることができる。

日常系を見る限り、人はこの世界のなかに自分が居心地のいい場所があるという錯覚を覚えることができます。一方で、新海誠の場合はそれがない。むしろ、巨大な世界のなかで自分がひとりぼっちでしかないという悲しみにも空虚さにも似た感情を沸き立たせることしかできません。中学生の頃に感じるような、孤独なナルシシズムの感情が優越する。

新海誠の作品にはキャラクターがおらず、そのかわり、観客自身に似た生々しいカカシのような人間がいる。新海誠の作品の登場人物はどこか別の作品からの借り物のようであり、二次創作的なものであり、かつて存在していたものをかき集めたようなものでもあります。

新海誠は、フィルターバブルのような世界観を作っているということもできるかもしれません。魅力的なキャラクターは、独自の生を生きてしまって、観客にとっては他者になる可能性がある。そのキャラクターが持っている背景の物語を知ろうとしたり、それを通じて、自分が持っていない人生の物語への興味や関心を引き出させる可能性がある。

その意味でいうと、新海誠の作品からは、他者が徹底的に排除されているともいえます。すごくきれいな世界なのだけれども、誰とも出会えない。出会ったとしても、それは自分自身と似た何かでしかない。そのなかでできることと言えば、孤独を燃料に、寂しさや悲しさという気持ちを燃やしつづけることでしかない。ある意味でいうと、新海誠の作品を観に行くことは、つらい思いを率先してしにいくことでもある。

私自身、『ほしのこえ』や『秒速5センチメートル』といった初期の名作に惹かれていたのは、そういうところでした。それはもしかしたら、個人作家として、仕事の終わった夜、ひとりパソコンの前で、誰に届くかもわからないものを孤独に作っていた新海誠自身が体験していた心地のよい孤独であるともいえるかもしれない。孤独を体験しにいく場所として、新海誠作品はある。少なくとも私にとっては、初期の新海作品の魅力は、キャラクターという他者の不在にありました。

プレ『君の名は。』はZ会のCMだった?――新海作品にも「キャラっぽさ」が生まれる

ここから少しずつ『君の名は。』の話に入っていければと思います。

本作が誰の予想も超えて大ヒットしたのは、『言の葉の庭』までには存在していなかった「キャラっぽさ」というものが登場したからだといえるのではないでしょうか。

新海誠作品にキャラクターが誕生したのは、Z会のCMにおいて、キャラクター・デザインに数々の話題作に参加する田中将賀が起用された時であるといえます。Z会のCMを観てみると、それまでの新海作品(大成建設のCMも含めです)とキャラクターのあり方が違う。これまでの新海作品のキャラクターが「端正」で、それゆえに棒線画や書き割りのように見えてしまっていたとすれば、このCMでは、デフォルメが効いて、特徴が掴みやすい。

このCMは、東京にいる男子高校生と地方にいる女子高校生が、ともにZ会で勉強しながら東大(と思われる大学)を目指す物語になっているのですが、男子高生の顔立ちはま

つ毛がしっかりとして目が非常に大きく、髪型もデフォルメ感があります。一方で、女子高生のほうは、眼鏡っ子で、シーンによってはいわゆる漫画的な表情を見せることもあります。

表情が変わることによって、作中で表現や物語のモードを変えることができ、作品作りに幅が出る。ひとつの物語やキャラクターのなかに真剣さとコミカルさが共存するようになり、作品にある種の弾力性が生まれたといえるわけです。

CMは、遠くにいるふたりの同時並行な物語を描く構造になっています。新海誠作品ではおなじみなものなので、キャラクター・デザインや結末の違いが鮮明になります。ふたりは同じZ会の添削者が担当していて、ふたりが同じようなミスをしたり、似た解法をすることに気づく。そのふたりが最終的に、大学の構内で合格発表の時に偶然ぶつかって出会うところで終わるのです。

これは、これまでの新海誠とは逆なわけです。同じように思えたふたりのあいだにすごく距離があったとわかり、すれちがって終わる……それがこれまでの新海誠のフォーマットだとすれば、今回は逆で、違うように思えたものが同じようなものだったという方向になるわけです。

ちなみにですが、アニメ業界の一部では、Z会のCMを観て、「新海誠がついにキャラクターを手に入れてしまった、これは大変なことになるかもしれない」と言われていたらしいのですが（註一）、まさにそのとおり、同じく田中将賀をキャラクター・デザインに迎え、離れていたふたりが出会うことで終わる『君の名は。』は、アニメ史上どころか日本映画史上に残るヒットになったわけです。

新海誠は「人間」を描けていない？

田中将賀との出会いによって、新海誠は弾力性のある人間を描くことができるようになった。しかし一方で、新海誠の作品について、「人間が描けていない」という批判が出ることがある。それはふたつの意味で言われます。

ひとつは、本書の前半で繰り返し語ってきた、人間描写に割くリソースの少なさです。もうひとつは、アニメーションが描いてきた人間描写と新海誠が描くものに違いがあるということに端を発するもので、第二章で取り上げたトピックですが、本章では人間描写に注目してまた別の角度から考えてみたいと思います。

アニメーションにおいて人間を描くというのは、生き生きとした人間を描くということであり、内面性や強い意志を持つような人間というものを描くということとイコールに考えられてきた歴史があるのです。とりわけ日本で言えば、東映動画を経由してスタジオジブリが作り上げてきた文脈がそうでした。

一方、新海誠がやってきたのは、人間よりもむしろ世界が優越する、そのなかで人間は無力であるということだったわけです。そして、人間の性格も端正で書き割りのようになる。それは、アニメーションが描いてきた伝統的な人間観とは違うような人間を描いているということです。


これは、同時代的な動向とも一致しています。さきほど話に出たアレ・アブレウも同じく、人間のポジションについて諦めている。作品の外観としては新海誠の真逆で、新海誠が背景をしっかりと描き込むとしたら、アレ・アブレウは世界を空白に残す。しかし両者とも背景とキャラクターの関係性は似ていて、新海誠は人間に比べて世界を緻密に描き込むことで世界が人間よりも優越していくことを描く一方で、アレ・アブレウは背景に空白を残すことで、人間が捉えきれないようなスケール感を持ったものとして提示する。こちらもまた、個人がどれだけ無力かということを描いているわけです。人間のキャラクターが棒人間のようにシンプルで、なおかつ匿名性の高い存在として残されているところにもそれは現れています。

二一世紀に入って特筆すべき成果を残している新世代のアニメーション作家たちは共通して、人間よりも世界が生き生きとして、人間は棒人間で書き割りのような存在として描いている。ワン・オブ・ゼムな人たちが、社会の構造のなかで不幸に傷ついて生きているというような話を描いていくのです。

棒人間としてのアニメーションは、キャラクターの成立のさせ方に独特な特徴が生まれます。普通であれば、キャラクターの見た目の特徴や、ほかのキャラクターとの視覚的な差異によって、そのキャラクターの魅力は見出されていくわけですが、棒線画のキャラクターはそのシンプルさゆえに、観客の補完が必要になっていく、ということをこれまでの議論でも取り上げました。

一九九〇年代以降に、アニメーション・ドキュメンタリーというジャンルが流行しはじめます。監督自身の若き日の従軍体験の記憶をめぐる『戦場でワルツを』などが代表するこのジャンルは、ドキュメンタリーだが実写ではなく絵であるという性質を利用して、他者理解を達成しようとします。

実写におけるドキュメンタリーとアニメーションにおけるドキュメンタリーの違いはどこに生まれるのか。このような研究結果があるそうです。実写におけるドキュメンタリーを観る観客は、被写体となった人間の存在を自分とは違う世界に属する人間だとみなしがちであるのに対し、アニメーション・ドキュメンタリーは、被写体の姿をアニメーション化する——具体性を薄め、抽象度を高める——ことによって、社会的に違う立場の存在を自分ごととして認識できるようになる。具体性・個別性の強いキャラクターは観客に対して他者となる一方で、非キャラクターは、観客を作品世界のなかに取り込むことができる（棒線画としてのアニメーションは、その性質を突き詰めたものであるといえます）。

器《うつわ》としての人間

本章の話で重要なのは、新海誠は過去の作品において棒線画性が強かったのに対し、『君の名は。』は田中将賀の参加もあって、キャラっぽさもしっかりとしている、その両方があるということが『君の名は。』のオリジナリティであり、大成功の理由である、ということです。詳しく説明していきましょう。

『君の名は。』という作品をしっかりと理解するために重要なのは、まずは棒線画性に注目することです。第二章でも話題にしていたように、新海誠作品における棒線画性は、巨大な世界になすすべのない弱い存在としての私たちを描くための装置として存在していました。同時に、その「のっぺらぼう」のようなあり方によって、観客にとっては自分自身と同一視をしてしまえるような、ある意味で親しみやすいといえるような存在として登場することになる。

『君の名は。』には、アニミズム的なところがあります。アニミズムは、『星を追う子ども』から新海作品に前景化してきたテーマです。人間だけではなく、人間以外の生物・自然、世界全体が息づく感覚です。『星を追う子ども』において、スタジオジブリのアニメーション観――宮崎駿も高畑勲も自然と人間の関係性を重視してきました――を移植することによって、アニミズムというテーマは新海作品に胚胎《はいたい》したといえます。そもそも、新海作品は背景描写が精密でした。いくぶんファンタジー的であった『星を追う子ども』を経て、『君の名は。』以降は、現代劇としてのリアルさのなかで、アニミスティックな世界観が息づきはじめたように思います。

『君の名は。』までにおける新海誠のアニミズムには面白い特徴があります。一般的に、アニミズムは、人間中心的な世界の見方に対して反旗を翻すようなところがあります。人間も自然も、どちらをも等しく捉えようとするのです。

一方、新海作品におけるアニミズムは、棒線画性が示すような、弱い人間性に基づくものであるように思えるのです。世界のなかで、人間はあまりにも弱い。自然をはじめとする人間の外部のほうが、そもそも押し気味である。

初期作品の場合、それで終わりです。しかし『君の名は。』では、それ以上のことが起こっている。自然描写と同じく、人間も生気を宿されてしまうのです。人間の力を弱めつつ、それを別のかたちで増強することによって、人間もまたアニミスティックになる。棒線画でしかなかった人間に、何か別のものの力が宿ることで、ようやく人間たちは世界と対等にわたり合えるようになるのです。
『君の名は。』において、人間たちは何かを宿します。そのひとつ目は、「キャラっぽさ」です。田中将賀の起用により、人間たちはキャラクター的になります。観客に対して他者としても屹立《きつりつ》するようになる。もうひとつは何かと言えば、超自然的な、オカルト的な力です。それによって、本来は弱くて脆《もろ》い人間を超えた何ものかになっていく。

この事態を理解するために、瀧と三葉という主人公たちに注目しましょう。物語の中心にいるこのふたりは、キャラクターとして立ちきっているようで、一方でその存在には脆いところがある。夢のなかで、ふたりの人格が入れ替わってしまうことが、なによりもその証拠になります。物語が進むにつれてわかるのは、このふたりは、災害による被害から人間たちを守るために、超人的な力によって操られているということです。しっかりとした個を持つ人間であると同時に、容易に中身が入れ替わってしまう「器」――あるいは本質的には「棒線画」でしかない存在――であり、過去と現在の「結び目」である。

三葉や瀧は、キャラクター性は持っているけれども（代え難い独自性がある）、一方でかなり「開かれた」（匿名性がある）存在でもあります。まるで空っぽの器のように、ほかなるものの存在を受け入れてしまうのです（ふたりの入れ替わり）。三葉はそもそも宮《みや》水《みず》家自体が代々続く神社の家系であり、その神社の存在の目的は（継承されてきた「舞」にも示されているのですが）、かつての彗星墜落がもたらした被害を記憶し、次の墜落に備えよと伝えていくことです。神事に親しみ、自分自身の存在を希薄にして儀式に臨む三葉は、イタコのように開かれることに対する準備ができている存在です。

そういう意味では、瀧のほうがよりラディカルに「器」であるかもしれません。瀧の設定や瀧の家族の描写は、本作においてかなり薄くなっています。仕事の忙しそうな父親と同居していることはわかります。ただ、それだけです。母親の姿が見えませんが、しかしその不在については何も語られない。高校の同級生やバイト仲間といった水平的なレベルでのつながりはあれど、三葉と比べてみれば、世代を超えた垂直的なつながりを何も持っていない。

父親とのつながりの薄さ、血縁関係からの（良く言えば）解放については、初期の作品から続き、ジブリ的な『星を追う子ども』を除いて、新海誠に共通するものですが、『君の名は。』や『天気の子』のように家族的なつながりが作品に導入されることによって、一気に意味を帯びてくるように感じられてきます。私たちは空っぽな器のような存在であり、何かをきっかけに、容易に自分自身を失い、もっと大きな何かに存在を握られてしまうのかもしれない、ということです。

前に「新海誠は人間が描けていない」との批判の声があると言及しましたが、そのように意見する人は、新海作品の「人間なんぞ本質的には器でしかない」というその身もふたもない人間観に対して、恐れを抱いているのかもしれません。

『君の名は。』の面白さのひとつは、こういった人間の扱い方のユニークさにあります。動きの創造にリソースを割き、生き生きとしたキャラクターを生み出してきた日本アニメの文脈と、動きにあまりリソースを割かず、それによって人間の小ささ・無力さを描いてきた個人作家的な文脈が融合し、物語のなかでとてもうまく機能しているのです。生き生きとしながら、しかし超越的な力が憑依《ひょうい》すれば簡単に乗っとられてしまうような、両方が混ぜ合わさった存在として描かれているのです。

『君の名は。』は災害を描くことで、明らかに、東日本大震災と津波、原発事故について言及している。東日本大震災をめぐるさまざまな事象は、人間の無力さと限界、そして人智を超えた力の存在を、私たちに思い出させます。自分自身の力ではどうにもならないことがあるのだということを、直視させせます。「思い出す」と言ったのは、日本人には古くからそういった自然観・人間観がインストールされているからです。自然の諸力に対して人間は無力であり、自然の一部として生きていくしかないのだ、という考え方です。『君の名は。』はそういう意味で、とても古くてすごく新しい。アニメーションの人間は本質的には棒人間であるということを活かして、そういった人間観をあぶり出した『君の名は。』は、アニメーションというメディアで作られることによって、相当な力を得ることになるわけです。

本作が語っているのは、瀧と三葉は別に誰でもいい、ということです。そういう意味で、「名前を忘れる」という本作で繰り返される展開は示唆的です。それが意味するのは、彼らの名前が何なのかは実は本質的なことではない、ということなのですから。棒線画性とキャラクター性を組み合わせることで、本作は、人間という存在について新たな示唆を与えるものになっています——私たちはメッセンジャー的な何かでしかないのではないか？　本作は、狭義な人間観に囚われない広い視野で人間というものを考えることで、時代を超えて常に受け継がれていくものになるのではないかと思わせるのです。

『君の名は。』読解——災害そして震災を描く

東日本大震災を思わせる自然災害をテーマとして取り上げたことは、『君の名は。』が国民的作品になった要因のひとつであるように思えます。

それまでの新海作品は、取り上げる対象や、向けられた対象が限定されていた。『ほしのこえ』はロボットアニメの二次創作的なところがあったし（つまりファン層に向けられていた）、『秒速5センチメートル』も、ある種の精神性を持った人たち——「孤独」を愛するような人たち——のほうを見ていた。『星を追う子ども』も、ジブリ的なるものをやろうとしている。どれも、ある特定の趣向を持つ限定されたファンに向けられていたところがあるように思います。『言の葉の庭』は『君の名は。』につながるところはありますが、前にも指摘したドキュメンタリー的な生々しさがあり、もちろん熱狂的に受け入れてくれ

る人はいるでしょうが、全国区的な作品になるかといったら、それは違うはずです。

それと比較すると、『君の名は。』は（シチュエーションは変えているものの）東日本大震災の現実を正面から取り上げることで、これまでのようにアニメファンや熱心な新海誠ファンのみが対象になることはなく、日本人であれば誰もが無関心でいられない作品になりました。

本作については、歴史的な大ヒットの後、宣伝戦略も注目されました。代表的なものは、予告編の展開の仕方です。『君の名は。』の予告編は、その後の大ヒットを予感させるような素晴らしい出来でした。それが、二〇一六年四月に公開された国民的アニメシリーズ「名探偵コナン」の映画版（『名探偵コナン　純黒の悪夢《ナイトメア》』）の上映前に集中的に流されたのです。これまでの新海作品のファン層はどちらかと言えば三〇代以上の男性にボリュームゾーンがあったと思いますが、これにより、低い年齢層へと浸透します。そして、一般向け試写会も積極的に行いました。まだ当時は新海誠という名前は知る人ぞ知る存在だったので、「知ってもらう」ことに注力したわけです（一方で『天気の子』では、マスコミ向けを含め、試写会をまったくやらないという正反対の戦略を採用しています）。『君の名は。』の公開は同年の八月ですから、四カ月前から、一〇代からの低年齢層に口コミが広がっていく取り組みをしたわけです。映画の公開に先駆けて、新海誠自身が手掛けた『小説　君の名は。』（角川文庫）が出版されていましたが、映画の公開時にはすでに五〇万部が売れていたそうです。それほどまでに、浸透していたのです。

私自身はマスコミ向けの試写会で本作を初めて観ました。そして、ものすごく衝撃を受けました。新海誠が東宝と組む最初の作品で、大きなヒットを狙うことが求められる座組で製作される作品で、果たしていかなる物語が展開されるのか？　予告編で前もって宣言されていた「高校生の男女が入れ替わる」というコメディーチックな展開が、これまでの新海作品とは一線を画するような「生きた」キャラクターたちによって演じられることでグイッと引き込まれました。後半に、実は三葉は三年前にすでに死んでいたことが明らかになり、隕石が衝突した後の糸守町の景色が大写しになったことで「この映画は震災の話に向き合おうとしている」ということがわかり、ぞわっとする感覚を得ました。

作品の後半の展開は、瀧が、三葉を含む「死者たち」を蘇《よみがえ》らせようとして、過去と現在、この世とあの世を行き来するものであるとまとめられると思うのですが、最初に観た時、私は、その努力は最終的に実らないだろうと予測していました。それは、私自身が『ほしのこえ』や『秒速5センチメートル』といった「別れと孤独」に主眼を置く物語作家としての新海誠が好きだったからということもあるかもしれませんし、まだいまよりは震災の記憶が残っていた当時、まさか、「人的被害をなかったことにする」エンディングが選ばれるとは思っていなかったこともあります。

しかしご存じのように、『君の名は。』が最終的に選ぶ結末は、あらゆる死者たちが救われる、というものでした。このエンディングを観て、本作は非常に議論を呼ぶものになるだろうとも思いました。

これまでの新海誠作品とは異なる、中心的なふたりが「出会う」ことで幕を閉じる本作を観て、まるでディズニー映画を観ているような気分になったのも確かです。その展開自体はZ会のCMにおいて先取りされた構造ではあったわけですが、ディズニー式のハッピーエンディング——『白雪姫』以降のプリンセスものが常に辿り着く場所——について、ウォルト・ディズニーは「片割れとなったものが出会う」ことを人間は本能的に求めると言っていたことも思い出させました。瀧と三葉のふたりが、実際に「片割れ」同士であったことも示唆的です。

ウォルト・ディズニーが考えた人間の本能的なこともそうですが、『君の名は。』には、日常的なスケールを超えた巨大な何かが宿されています。個人の意志や展望では支えきれないような何かです。

個人のスケールを超えたタイムラインについては、東日本大震災の時にも話題となりました。数百年前に同地で起きた地震と津波が残していた痕跡——被災の記録を残した石碑など——は、過去の記憶の貯蔵庫であったわけですが、そのことが次第に忘れられ、津波が来る範囲にまで居住地区が広がったことにより、被害が拡大したというような話です。

『君の名は。』は、それを物語のモチーフのなかに入れ込んでいます。三葉がいる宮水神社は、かつての彗星の被害を伝え、その再発の可能性を伝承しようとしていたわけですが、火事によって文書は失われてしまった。しかし、本来意味するものを失い、形骸化されていたとはいえ舞や巫女《みこ》がトランス状態になる儀式、口嚙み酒といったものは残されていた。

この物語は、現代的な基準では何を意味しているのか忘れられてしまっているそれらのモチーフを、瀧と三葉が時空を超えたかたちで解き明かしていく物語になっている。

つまり、三葉と瀧は、自身が、災害の物語を現代に憑依させるためのイタコ、巫女的な存在となる。その時、個の記憶や歴史は失われ、器となることで、長い歴史の物語が流れ込んでくる。本作の展開について、忘却や想起が都合良く起こるという批判をする人たちもいましたが、おそらくそれは本質的なものではなく、三葉と瀧が個を失い災害の歴史を混線させるというトランス状態がうまく描写されている、と考えたほうがいい。新海誠はホラー、オカルト好きですから、そういった憑依ものの物語の文脈や歴史もまた、きっと意識しているはずです。

そう考えると、物語の最後で瀧と三葉が互いに対する記憶をなくしたままに、しかし何かに導かれるようにして出会う展開も、美しい奇跡のように見えて、その実はホラーでオカルトチックにも思えてきます――憑依体質が強いふたりをくっつけることでそういう体質の血筋を残そうとしている……？　『天気の子』にも瀧と三葉が登場して同じくオカルト体質の強い主人公たちと薄いながらも関係性を持つことも、なんだか「類は友を呼ぶ」感じをさせるというか……。

オカルト、という言葉でまとめてしまってはいけないのかもしれません。本作には数々の日本の神話のモチーフも入り込んでいます。たとえば、『君の名は。』のブルーレイ（コレクターズ・エディション）に収録されている講演映像で新海誠自身が、「行きて帰りし物語」という神話の定型を意図的に入れたという話をしている。瀧と三葉は、神話の登場人物でさえあるわけです。『万葉集』をはじめとする古典文学だったり、日本文学における儚《はかな》さだったり、さらには神道だったりと、これでもか、というくらいに、日本的なモチーフが本作には流れ込んでいる。そのうえでさらに、舞や酒によるトランスといった、古くから人間を超えたスケールに自分自身を接続するための技法の歴史のようなものが感じとれるわけです。

世界を崩壊させまいとする、奇跡を起こすための「編集」

自然や運命の前に個は無力であるという「日本の儚い人間観」のようなものをインストールしつくした『君の名は。』ではあるのですが、新海誠の意図としては、そういった思想を背景に、東日本大震災の被災者たちが「もし災害から逃れたとしたら」という救いの物語を描こうとしたのではないでしょうか。

しかし、「犠牲者が救われる」という結末は、万人の支持を得たわけではありませんでした。本作には、災害をめぐる残酷さについても描かれていました——当事者でない人たちにとっては、あくまで他人事《ひとごと》にすぎないという視点です。たとえば、彗星が落ちるなか、それを天体による一大スペクタクルとして捉える人たちの話も本作は描きます。彗星の片割れが糸守町に落ちる前のことですが、テレビのナレーションは言います。「(こんなものを目撃できていることは) この時代に生きる私たちにとっての、大変な幸運と言うべきでしょう」。

瀧の世界は、ひとつの町が消え、三葉を含む数百人が犠牲になったその大災害の三年後に設定されているわけですが、瀧は何度も夢のなかで糸守町を訪れていたにもかかわらず、その災害のことをまったく思い出しもしません。作中の序盤では瀧がバイト先の女性 (奥寺先輩) とのデートで国立新美術館に行き、糸守町の写真を観るというシーンもまたそうです。つまり本作は、「人は災害を忘れてしまえる」ことをはっきりと描く作品であったともいえます。

本作のハッピーエンドが批判された一因は、まさに本作の結論が、そういった災害の忘却を肯定的に（少なくとも断罪することなく）描いていると判断されたゆえでした。生存者である瀧は、自分の記憶にないままに（忘却をほぼすべてにおいて保ちながら）犠牲者たちを救っているという、究極的に都合の良い立場にも読めてしまうからです。あたかも、災害を「消費」するかのような、テレビの前でナレーションを聴く人たちと同じ立場に、観客を置くように見えるのです。公開当時の二〇一六年の日本が、まさにそういった「忘却」が現在進行形で起こっている時期であったことも関係しているでしょう（正直に言いますと、私自身、当時はそういうふうな批判をしていました）。

しかし、この作品を改めて観なおしてみると、新海誠が本来意図していたような、悲しみを癒やすための物語として非常によくできていると思わされました。それはやはり、キャラクター自身が「結び目」でしかないという、人間の主体性と棒人間性の共存という人間描写の仕方による成功であるといえるでしょう。

それに加え、本作を成功に導いているのは、つながっているようで断絶しているタイムラインの作り方でもあります。そこには、新海誠が常に重視している「編集」の力が関わってきます。

本作における時間の流れは、とても複雑で繊細です。瀧と三葉のあいだに横たわる三年の月日の差は、ふたりの入れ替わりによってさらに複雑化していきます。しかし一方で、そういった時間の変化を考えなくても、本作は十分に楽しめるようにもなっている。一本道に感じられつつ、しかし実際には細かく刻まれ、つなぎなおされた時間を、『君の名は。』は経験させます。

繰り返し書いているように、新海誠は『君の名は。』の物語を、人的被害がなかった可能性、こういうふうにあってほしかったという可能性の物語として提示しようとしていたのではないでしょうか。そういう観点から眺めてみると、本作における「単純だが複層的である」構造が、複雑な流れの時間軸がひとつのスムーズな流れとして展開される映画体験が、「簡単に達成できるものではないが、しかし不可能ではなかった、奇跡的な一本の糸＝時間」の表現に思えてくるわけです。

ここからは私自身の空想というか妄想も入っている可能性もあるのですが、本作をよく観てみると、ときおり、編集のつなぎ目が見えてくるような気がしてきます。三葉たちが死なずにすんだ世界線が、当たり前のようにつながり合う時間のうちに成立するのではなく、もしかしたら違う結論へとつながれてしまう可能性もあったんじゃないかと思われるような、儚く脆いつなぎ目です。もしかすると、三葉たちが救われなかった無数の結末というものがあり、むしろそちらのほうが結末の数としては多かったのではないかと思わせるのです。無数のやりなおしの後に訪れた、唯一ある成功の事例こそが、私たちが観ている『君の名は。』という映画なのではないかと。

静止画を無数につなげていくことで成立するアニメーションが描く世界は、脆いものです。アニメーション史初期の作品は、その脆さに自覚的になることで、メタモルフォーゼを得意としました。同じであると思われていたものが、次のコマには違ったものになってしまう可能性がある——コマ撮りに見出されたのは、そのような可能性でした。世界は違うかたちに変わりうる可能性がある。アニメーションにおける連続性はイリュージョンでしかありません。端から端まで全部作りものなわけで、一フレームごとに違う世界につながってしまう可能性がある。アニメーションは、そういったものをすごく体現しやすい。新海誠の『君の名は。』は、ずれる時間というモチーフをテーマに入れ込むことによって、アニメーションが持つ本質的な断片性・人工性・構築性としての性質をあらわにします。構築物であるということは脆いものであって、いつか崩壊してしまう可能性がある。世界もまた然《しか》り。私たちの現実は非常に繊細なバランスで編まれており、だからこそ儚い（ほかにも無数の可能性が背後に控えている）ということを、アニメーションというメディアそのものから滲《にじ》み出させる。それゆえに本作は、アニメーションに対する非常に優れた批評にもなっている作品なのではないでしょうか。棒線画性とキャラクター性の行き来も含め、少なくとも私には、アニメーションでしか味わうことのできない体験を約束してくれる映画であるように思えます。

註一：イシグロキョウヘイ×大山顕×佐藤大によるトークイベント「ショッピングモールと団地を舞

台に考える――映画『サイダーのように言葉が湧き上がる』公開記念」（ゲンロンカフェにて二〇二一年七月二四日に開催）。本章の内容はこのイベントでの議論に大きな示唆を受けています。

第四章　『天気の子』国民的作家の完成
――「勘違い」の物語

『天気の子』はドラマとして「普通に面白い」

本章では、『君の名は。』に続いて作られた『天気の子』についてお話しします。これまで本書は、新海誠という存在を理解するために、世界のアニメーションの歴史のなかに位置づけるアプローチを採用してきました。とりわけ、新海誠の特異性に注目することにより、二一世紀に入ってからのアニメーションの変化について理解しやすくなるという立場で考えてきました。

一方で、本章は『天気の子』によって、新海誠が先鋭的な存在というよりは、世の中のアニメーションの定番としてスタンダード化したということを考えていきます。二一世紀の初頭から始まったデジタル化によるアニメーションの変化の波が落ち着きを見せ、スタンダードを確立しきった時、新海誠もまた、その作品が成熟していきます。『天気の子』が『君の名は。』に続き、興行収入一四〇億円超えとなった新海誠は、本作によって国民的作家として定着したといえるでしょう。そんな本作は果たして、どんな物語を語っているのでしょうか？

いま「どんな物語を語っているか」と言いました。本書を執筆するにあたって『天気の子』を改めて鑑賞したのですが、私は「普通に面白い」という感想を持ちました。「普通に」というのがポイントで、一般的な「ドラマとして面白かった」のです。「ドラマとして普通に面白い」というのはどういうことかと言えば、アニメーションであることを特に意識せずとも面白い、ということです。一方、アニメーションとしての新しさ――モーションではなくエモーション――はむしろなくなっていく。魅力的なキャラクターが進めていくドラマとして『天気の子』はよくできており、なおかつその題材が、公開当時の二〇一九年の現実に対して非常に芯を食ったものになっている。二〇一九年の日本を代表し、なおかつ世界的な動向ともつながり合う、メインストリームの中心に鎮座するような存在感を、『天気の子』は感じさせます。

本書でも取り上げてきたとおり、新海誠は昔から「音楽と言葉を使ったお話を作ってきた」わけです。つまりそれは、（動きの面白さを追求するのではなく）「お話を作る」作家だったということです。それを考えると、『天気の子』は、「お話を作る作家」としての新海誠の真髄が発揮されたといえるのかもしれません。現代的なテーマを扱った小説のようであり、文芸作家としての新海誠の誕生。それこそがこの作品の特徴であると考えられるのです。

『君の名は。』以後

『君の名は。』公開後、『天気の子』の完成までには三年の月日がかかっています。この間、新海誠をめぐる状況は大きな変化を迎えます。『君の名は。』の歴史的なヒットゆえです。

東宝と組んだ一本目の作品ということで、これまでとは公開館も規模が全然違うわけですから、作品を送り出す側としてももちろんこれまでの作品よりも広い人に届くだろうという想定はしていたはずですが、『君の名は。』は、その想定を遥《はる》かに超えた、ケタ違いのヒットとなった。これまでの「コア」なファン層を超えて、本当に日本中・世界中の隅々まで「届いて」しまったわけです。

その結果、『君の名は。』に対しては本当にいろいろな意見が出ることになります。もちろん、肯定的なものばかりではありません。そのなかには、作品が持つ態度に対して疑義を呈するものもありました。たとえば、前章の後半で取り上げたような、大きな災害による死者たちの死をなかったことにすること、果たしてそれは許されることなのか?という災害に対する扱い方への批判です。

『君の名は。』公開後のさまざまな（そして過去の作品に比べて膨大な量の）反応を見るなかで準備された『天気の子』において、新海誠にはひとつの転換が起こっていくことになります。『君の名は。』についてこんなにいろいろと言われるようであれば、次の作品はむしろ議論を呼ぶようなものとして構想しよう、という転換です。

「思いが伝わる」映画

この転換は、大きなものであるように思えます。なぜならば、新海誠の作品は、基本的には「届かない」ということがテーマになってきたはずだからです。本当に身近に、目の前にいる人に対しても、自分自身の思いは届かないこと。物理的に近くとも宇宙を超えてしまうような無限の距離が内包されていること。そういう「届かなさ」がひとつのテーマとしてあったわけですが、『天気の子』については、「届いてしまう」という前提で作られました。

その結果、『天気の子』と『君の名は。』は好対照といっていいような作品になります。『君の名は。』の主人公たちが古代から連綿と続くシステムの「器」でしかなかったことに比べると、『天気の子』の主人公である帆高の根本には主体性があり、なおかつ、その思いがきっちりと届き、叶うからです。その結果として「世界のかたちが変わる」くらいに。そんな物語を描くことが『天気の子』の面白さであり、ある種の危うさでもあるように思えます。

新海誠が考えた「議論を呼ぶ」部分は、作品の結末についてです。ひとりの少女の犠牲によって世界が通常のかたちに戻るという選択肢を否定し、むしろ世界など壊れてしまえ、と主人公が望むという結論こそ、新海誠が想定する「議論を呼ぶ」パートでした。

しかし本章では、それとはまた別の次元で、この作品全体から感じとれる態度自体について、議論してみたいと思います。それは、「現状肯定」的な態度です。


本書ですでに紹介した発言ですが、新海誠は常に、自分の作品が絆創膏のようになればいいと考えていました。日常生活でのつらさや心に傷を抱える人々に対して、癒やしや勇気を与えてくれるような作品を作りたいということを言っていたわけです。その結果、新海誠のアニメーション作品は、現状肯定的で、いまのあり方に批判的な部分はないものがほとんどでした。

『天気の子』では、そのような態度が凝縮されているように思えます。人間こそが世界を変えられる、という肯定的な態度が、最終的に自己啓発的かつカルト的なレベルにまで高められていくのです。この純度の上げられたポジティブさには、現代社会での「成功者」

たちが持つような態度と共通するものが感じられるのです。

キャラクターと作り方の成熟

『天気の子』のドラマ性を高めているのは、やはり前作に引き続きキャラクター・デザインを担当した田中将賀の力が大きい印象があります。本作がドラマとして面白く、普通に楽しめて、笑えもして、さらに観ている人がすごく後押しされるようなものになっているのは、田中将賀によるキャラクターがシリアスさからデフォルメによるコミカルさまで自然と内包するような柔軟性を持ち合わせているからに思えます。

田中将賀以前であれば、キャラクターの「固さ」(「キャラっぽさ」の不在)ゆえにできなかった(やってみたとしても不十分だった)コメディ的なタッチのシーンが『天気の子』には非常に多く(『君の名は。』と比べても質量ともに段違いでしょう)、本書が繰り返し指摘してきた棒線画や書き割りといったものではまったくなくなっています。

『天気の子』においては、アニメーション表現としての珍しさ、新規性というものは後退します。新海誠は、個人作家としての出自ゆえに、デジタル制作による2Dアニメーションのパイオニアとして、二一世紀のアニメーションシーンを作り上げてきました。一方、二〇一〇年代の後半になっていくと、新海誠がかつてリソースの不足ゆえに必須とせざるをえなかった作り方が業界標準となっていきます。世界的にも2Dアニメーションがインディペンデント長編の分野で発展し、それぞれに革命を起こすようになります。そういった時代背景のなか、『天気の子』はアニメーション表現としてスタンダード化します。

ジオラマ的世界を冒険する

『天気の子』においては、先鋭的であるかわりに、「同時代的」なものとの共振が見られます。たとえば新海作品の大きな個性といえる背景が、今回は「回る」ようになりました。これまでの新海作品の背景は緻密ではあれど平面的で、描き込みの密度が高いという特徴がありました。ずっと見ていられるような美しさを保つ密度があることにより、観客とのあいだにある種の距離感を作るというのが本書の指摘でした。一方で、CGで作られたジオラマ的な背景が回るという『天気の子』における表現は、観客に対して、キャラクターたちが存在する世界の「中」にともに生きているという印象を与えることになります。

これまでの新海作品は、背景とキャラクターがレイヤー化されており（つまりそのあいだに距離が内包されており）、それが疎外感の表現につながっていったわけですが、今回は、東京をジオラマ化するような世界観のなかでキャラクターたちが活《い》き活きと生きていく様子を眺めさせるような、ある意味で言うと、オープンワールドのゲーム世界のような、そういったモードに変わったといえます。

興味深いことに、二〇一六年、『君の名は。』と同年に公開され話題となったアニメ長編作品『この世界の片隅に』に、三〇分ほどの新たなシーンを足し、『天気の子』と同じく二〇一九年に公開された『この世界の（さらにいくつもの）片隅に』でも同じような傾向が見られます。同作は、戦前から戦後にかけての広島や呉《くれ》を綿密なリサーチによってある種のジオラマ性をもって再現していくものでしたが、新版において新規シーンが加わることによって、そのジオラマ的な空間にさらなる立体性が付与されることになったのが似ています。また、キャラクターの動きも「実在」を強調するものとなることによって、作品全体が3D的になりました。

これは、アニメ制作における新たな動向として、3Dが一般的に用いられるようになったり、ブレンダーなどのゲーム制作用エンジンが活用されるようになったことともつながっているでしょう。それまでのアニメ制作の現場であれば、すべてを絵に描いて起こしていくものだったのが、3D技術を用いてバーチャルな3D空間を作り、そのうえで絵を作っていくという方法論に変化していきます。二〇二一年に公開された『シン・エヴァンゲリオン劇場版』でも、絵コンテを描かず、実写撮影やCGを使ったプリヴィズでそれを代替させることで絵作りの自由度を上げたことが話題になりましたが、2Dアニメーションであっても、空間を実際に作ってそのなかでキャラクターをどのように動かしていくかを探るということが次第に一般化する傾向が見られるようになってきたわけです。

ここで話しているのは、『天気の子』や『この世界の（さらにいくつもの）片隅に』がそのような技術の恩恵にあずかっているかどうか、という話ではありません。そうではなく、おそらくそういった技術的なこともひとつの要因としつつ、この時代、アニメーション作品の想像力自体に「ジオラマ性」が刻み込まれていき、それに対応するようなかたちで、『天気の子』の世界創造も行われていることを指摘したいわけです。

しかし、そうなってくると、もう新海誠の描く世界は「届かない」世界ではなくなります。かつての新海作品にあった「外部」の感覚は『天気の子』ではなくなり、すべてが手の届く（変形させうる）世界として提示されていくという変化が出てくるわけです。そのことは、作品の内容とも密接に関わってきます。

「ポピュリズム」の映画を作る

さて、『天気の子』についての話に具体的に入っていきましょう。『天気の子』がどういう作品か、それを考えるうえで、まず監督本人の言葉を紹介したいと思います。本作の公開にあたり、とある番組にて、新海誠が有働《うどう》由美子アナウンサーと対談した際、とても気になることを言っていました（この番組については、『天気の子』のブルーレイ〈コレクターズ・エディション〉に映像特典として収録されていますので、興味のある方はご覧ください）。新海誠監督は、本作を「ポピュリズムの映画」だと言っていたのです。

ここで言われるポピュリズムというのは、一般的に使われるのとは異なる意味合いを持たされているようで、「この作品を公開することを通じて、何かしらの議論を巻き起こしたい」ということを言いたかったようです。『天気の子』という作品を通じて、人々の心がある方向へと動き、何かを考えるようなきっかけになってほしい、と。

それは言い換えると、「観る人の意識を方向づける映画」として、本作を考えているともいえます。本書の第二章で、エイゼンシュテインと新海誠の比較をしました。新海誠が作品において、どの部分で観客の感情がどのように動くのかを綿密に計算しているという話や、エイゼンシュテインも同様に「アトラクションの映画」という概念を通じて映画で人を反応させることを考えていた、という話です。

エイゼンシュテインは、自らの芸術創造を通じて、社会主義思想を観客に身につけてほしいと考えていました。当時生まれたばかりの映画というメディアは、そのために有用であると考えていたのです。

新海誠が言う「ポピュリズムの映画」は、エイゼンシュテインの考えに似ています。ある一定の方向へと、見た人の思い、思考、思想というものを向けていくことを目指しているからです。新海誠がこのような発言をするに至ったのは、『君の名は。』を通じて、自分自身の作品が国民的なものとして受け入れられたこと、そして議論を巻き起こしたことをふまえてであるはずです。それを前提としたうえで、では自分自身として、自分の映画に議論を巻き起こす力があるのであれば、せっかくだから現代社会について何かを考えるきっかけになってほしいと願ったわけです。

ポピュリズムという言葉自体は、本作を語るための重要なキーワードのひとつになりえるのかもしれません。たとえば、『天気の子』というタイトルにもそのあたりの面白さを感じとれるのではないかと思います。一般的に言われる「ポピュリスト」は、本質的には主義主張などのないままに、世の中の「気」を敏感に感じとって、ただ大衆を扇動していくことに長けた人であると定義されていると思うのですが、それは言い換えれば、「空気」というものを作り出し、人々をある一定の方向へと先導するということです。一方で、本作のヒロインである陽菜は、「晴れ女」で、つまり低気圧の状態から高気圧へと導いていく。実際に「気」を操る人であるわけです。その代償として、自分自身が次第に空気のなかに溶け込んでいくわけですが。

なによりも、本作が最終的に（ポピュリストがそうであるように）「人の営みが世界のかたちを変えていく」ということに自覚的な映画であるところにも、ポピュリズムの映画としての一貫性を感じさせます。本作の予告編で陽菜が語るセリフは、「あの夏の日。あの空の上で私たちは、世界のかたちを決定的に、変えてしまったんだ」であったことを思い出してもいいかもしれません。

人は世界のかたちを変えうるという『天気の子』のテーマ――これは、新海作品にとって非常に大きな変化であるといえます。なぜならば、これまでの新海作品というのは、「人は世界を変えることができない」というテーゼに基づいていて、その前提のもとで生まれる儚さや切なさを描くものであったからです。

『君の名は。』は瀧と三葉の頑張りによって大災害の結末が変わる、世界が変わる物語じゃないか、と言う方もいるかもしれませんが、第三章で記したように、瀧と三葉は能動的に世界を変えたのではなく、むしろ災害の被害を最小限に食い止めるためのシステムに突き動かされる受動的な人物と考えるほうが自然なわけです。だからこそ、『君の名は。』が本質的に描いているのは、人間という存在がいかに脆くて儚いものか、ということです。『天気の子』において、それは完全に反転しており、「個人が世界のかたちを変えうる」ということを語るようになっていく。

『天気の子』の物語は、個人作家からキャリアをスタートさせた新海誠が、『君の名は。』のヒットによって「世界を変えた」ことをなぞる、自己言及的なものであると読めないこともありません。しかしおそらく、『天気の子』が行おうとしているのは、『君の名は。』とは反転した態度によって、観ている人の後押しをしようとすることでもあるはずです。

本作に「アントロポセン（人新世《ひとしんせい》）」という言葉が使われていることも、その確信を高めます。陽菜が救われ、東京が水没するなかで、帆高が入る大学のパンフレットに、「アントロポセン〝新たな地質年代〟の教育」と書かれている。人新世とは、人類の活動が地球の環境に影響を与える時代を意味するわけで、まさに「人が世界を変える」という話なわけです。

『天気の子』とオカルト

完全に個人的な話をここで少しさせてください。本作の公開は二〇一九年七月一九日でした。その前日に、痛ましい京都アニメーションでの放火事件が起こりました。アニメーション業界に関わる人間として、私自身もやはり非常に大きな心理的ダメージを受けながら、『天気の子』を観に行ったわけなのですが（この作品がもし、『君の名は。』のような儚さを前提とした作品であったとしたなら、より一層、厭世《えんせい》的な気持ちになっていたのではないかと思います）、その人間讃歌《さんか》的な部分に非常に感化され、後押しされた気分になりました。

もちろん当たり前のことですが、『天気の子』はあの事件のことを念頭に置いて作られた作品ではありません。公開日の時期が重なったのは、偶然でしかありません。しかし『天気の子』には、それが偶然ではなかったかのように思わせるところがある。

公開初日の話をさらに続けると、二〇一九年七月は、ずっと雨が降り続き、梅雨がいつまで経っても明けない状態が続いていました。まさに『天気の子』の結末のような……。公開初日、朝早くの回で、私は池袋のグランドシネマサンシャインという当時新しくできたばかりの映画館で本作を観ました。映画館に向かう道ではやはりずっと雨が降っていたのですが、観終わって一二階の最上階にあるＩＭＡＸシアターを出て、ガラス張りの壁ごしに東京の景色を一望した時、陽《ひ》の光が差し込んでいたのです。あとから天気図を見て思わず笑ってしまったのですが、東京だけがパッと晴れていた。でもそのことに、とても感動してしまいました。陽菜を雇ったのでは?と言いたくなるような気分になりました。もしくは新海誠自身がある種の晴れ男のようなかたちで、何かしら空気を操ったかのような、そんなオカルトチックなことを感じました。

この話というのは脱線のようで実はそうでもなくて、第二章でも言及したとおり、オカルトと新海誠は相当に相性が良いのです。さきほど話に出した「人新世」についても、いまとは違って二〇一九年の公開当時、もっと言えば『天気の子』の制作期間中にはほとんど話題になっていない言葉でした。いち早くこのような言葉を採用しているのがまず面白いですし、予見的ともいえます。まるで世界がオカルト的な思考に染まっていくことに対して、何かを感じとっていたかのように思えます。

『天気の子』は、異常気象による水害の話でもあるので、海外ではこの作品がむしろ環境問題を真っ向から取り上げたものだとみなされているところもあります。日本ではいまだに温暖化の話はあまり緊迫感ある問題として捉えられていないですが、一部の国・地域では真っ先に向き合わねばならない問題と考えられていたりもしますし、その点でも先進的かつ国際的であるといえるのかもしれません。

起業家の物語としての『天気の子』

本書ではさらにもうひとつ、本作を考えるための視点を提供したいと思います。『天気の子』は「起業家」、もっと言えば「成り上がり」の物語なのではないか？ということです。

本書の最初のほうに、新海誠や川村元気が自力でキャリアを築いていった人であることを話しました。

新海誠で言えば、ずっとアニメーション界の外にいて自主制作をしていた人間が、業界内での「修行」を経ずに一気にトップに上り詰めてしまった。川村元気も映画館の案内係をしていた平社員時代に出した社内募集の企画（『電車男』）がバズって、トッププロデューサーになっている。個人の才覚、アイデアで一気に上り詰めることが可能になっている時代のあり方を、『天気の子』は反映しているように思います。

そもそも帆高が神津島を出るのも、東京本土であれば何かができると思ったからです。彼がなぜ家出したかについては、本編では決して描かれません。それは、一連の騒動の後に島に戻されてからも、です。新海誠自身は、トラウマの話に回収されたくなかったのでそのあたりのことはまったく描いていないと言っています（註一）。

一方で、本作は明らかに「親」的なるものとの断絶の物語でもあります。東京での擬似的な親である須賀との関係や警察、児童相談所といったものが、本当の意味で若者たちを守れているのかを本作は問題にします。「大人になる」ことをある一定のイメージにあてはめようとする人たちに、帆高は反抗します。

『天気の子』を観ていて気がつくのは、帆高の家出にはまったく深い理由がないということです。ある種の思想を欠いた、成り上がりの精神だけが最初から最後まで渦巻いている。そんな彼の知識のソースは、スマートフォンや漫画喫茶を通じて得られる範囲の知識です。そして、「ムー」の仕事をしている編集プロダクションに居候する。帆高の情報ソースの貧しさと偏りが、彼をオカルト化させていくともいえそうです。

そのなかで帆高は陽菜という少女と出会う。陽菜もまた「現代的な」問題にがんじがらめになっています。貧困の問題です。母親が亡くなり、一方で施設や児童相談所に保護されることなく弟を養っていくために、年齢を詐称してアルバイトをする。新宿・歌舞伎町のマクドナルドをクビになり、その流れで自ら望んで水商売に手を出そうとする。陽菜は社会のシステム不全による犠牲者として存在していますが、帆高が行うのは、陽菜の特殊能力をビジネス化することでした。

帆高は晴れ女である陽菜の能力を活かしたビジネスプランを考えるわけですが、陽菜の晴れ女の能力というのは、陽菜自身の身体と引き換えに発揮されます。晴れをもたらすたびに、その身体は次第に消えていく。帆高が加担するのは人身売買とも思えてしまうものなわけです。

『天気の子』の設定は、起業家精神からオカルト、貧困問題、人身売買まで、きわめて現代的なテーマを読みとれるものになっている。少数のグループによる思いつきとビジネス化が世界のかたちを変えるというのも、GAFA（グーグル、アップル、メタ〈旧フェイスブック〉、アマゾン・ドット・コム）やテスラなどに代表されるような、アメリカの起業家たちによる世界のかたちの変容について思わせます。

二〇一九年の風俗を記録する

本作の現代性は、さまざまなディテールにも現れます。帆高と陽菜の出会いの場所となるマクドナルドをはじめとして、風俗専門の求人サイト「バニラ」、漫画喫茶のマンボー、さらには第一会館のように、二〇一九年の新宿・歌舞伎町の姿をしっかりと保存しているところにも特筆したかたちで現れます。

前章で指摘したように、新海誠は元々タイアップがとてもうまい作家でした。新宿を大々的にフィーチャーした最初の作品『言の葉の庭』でも、サントリーの飲料水が作品の世界のなかにうまく取り込まれていて、『君の名は。』以後は公開のたびにタイアップCMが流れていたわけですが、『天気の子』においては、タイアップのうまさを超えた、ある種の貴重な二〇一九年の新宿の記録映画としても機能している。

このような試みは、実写映画ではかなり難しいものです。東京は世界の主要都市のなかでも一、二を争うぐらいに映画の撮影がしづらい都市で、そういう意味では『天気の子』はアニメ映画ならではの試みをしているといっていいでしょう。また、その記録映画的な要素も東京の描写にとどまらず、Ｙａｈｏｏ！知恵袋やツイッターなどを登場させることによって、二〇一九年当時の日本の生活にまで射程を広げています。

作中でオリンピックスタジアムが頻繁に出てくるところからも、作り手側もそのことに意識的だったであろうことがわかります。いまはもう存在しない代々木会館も、物語上、非常に重要な場所として登場します。『天気の子』はオリンピックを境に変わっていく東京、あるいは日本をきちんと捉えているわけです。

一方で、制作当時には想定されていなかったはずの新型コロナウイルス感染症の問題もあったわけですが、むしろそれは、東京が水没するというディストピア的な結末によって、予見的に回収されることになります（頻出するオリンピックスタジアムも、輝かしい未来ではなく「壊れた」未来を思わせます）。

勝ち組と責任

この「記録性」というのは、これまでの新海誠作品の代名詞でもあった美麗な背景とは性質が異なるように思えます。かつての新海作品における背景は、日常のなかに潜んでいる儚いまでに崇高なものを描くものでした。それはやはり「世界は届かない」という感覚に根ざしていた。しかし今回は、人が手を加えてかたちを変えることのできる世界を描くためにこの記録性が必要とされたような印象を受けます。

新海誠自身は、本作を作る際、次の世代に向けて、先行する大人たちから見たら壊れていると言われている世界であってもたくましく生きていくことが可能であり、そもそもそれは狂っても壊れてもおらずデフォルトであるということを伝えたかったようです。これからの世代の後押しをするという意図がある。

しかし当然のことながら、そんな態度自体に対する批判も寄せられることになります。現在の世界のかたちで恩恵を被ってきた大人が、子どもたちに対して、この世界がめちゃくちゃであることを肯定して受け渡すことは果たしてどうなのか、という批判です。それは確かに一理あります。本来、大人たちがすべきことは、壊れた未来を提示することではなく、壊されてしまった世界を直すための手立てを考えること、つまり未来に対して責任を持つべきことなのではないか。

一方で、おそらく新海誠が考えているのは、めちゃくちゃになっている世界をどうにかしたいということではない。温暖化や貧困の問題などを通じて、あくまで物議を醸すことを目的としている。こういった問題に対して新海誠がどのような価値観や考え方を持っているかというのは本作からはなかなか読み解けません。やはり『天気の子』はあくまでポピュリズムの映画——人々の「気」を動かすための映画——なのです。

アニメーションと現実の呼応関係

本章でも、世界のアニメーションの歴史の流れのなかに新海誠を位置づけてみます。

少し前に、新海誠が『天気の子』を「ポピュリズムの映画」と言っていたことをベースに、それがどういうところに現れているかを探ってみましたが、この問題をアニメーション史のなかに位置づけると、アニメーション作品は歴史的にいかなる「世界」を提示してきたか、という話につながります。以前話したことと多少重なる部分もありますが、もう一回整理しましょう。

アニメーションについては一般的に（ほかの芸術にももちろん同じようなところはありますが）、現実とは別の世界を作るものであるという前提が共有されていると思います。アニメーションは絵をはじめとする人工物で構築された世界であり、それゆえに、私たちが住んでいる現実とは違うものである、という前提です。

一方で、その世界を作る人間はこの現実世界に住んでいるわけですし、まったく別のかたちの現実を作るというのは想像力の問題からしても難しい。そこから、現実世界と何かしらの連関も生まれてくる。作られた当時の現実世界での価値観や世界観に、鋭敏に反応するところもあるわけです。

とりわけ『天気の子』については、その呼応をかなり意識的にやろうとしています。むしろ『天気の子』を観ることによって、いま私たちが暮らしている現実世界のあり方がわかる部分もあるし、ある意味で、『天気の子』自体が私たちの現実世界を作ろうとするような部分さえある。それがまさに「ポピュリズム」の映画としての本分だからです。

アニメーション史の初期には、アニメーションの独自性はメタモルフォーゼに見出されました。本来動かないものが動く、生きていないはずのものが生きる、その驚きこそがアニメーションでした。そして、それは人工物にすぎないので、すぐに壊れてもしまう。アニメーションが初期、スラップスティック的な展開を好んだのも、初期の映画自体がそういったものを好んでいたこともありますが、それはアニメーションの性質を突き詰めたゆえなのです。

アニメーションが当時の批評家や芸術家にどのようなものとして映っていたかというと、カーニバル的（現実転覆的）な表象として魅力を見出されていたことがわかります（註二）。当時、科学技術が発展し、さらには工業の部分でフォーディズム的な「分業」が根付いていきました。そんな社会を、多くの批評家や芸術家たちが、人間の生活を分断してユニット化する非人間的なものとして批判的に言及しました（チャップリンの映画で、チャップリンが工場の歯車となっているシーンなどを思い浮かべてもらえるとよくわかるかもしれません)。

そんななか、アニメーションは、法則性や計算にがんじがらめになり四角四面になっていく現実世界から逃れる自由な「夢」のロジックを提供するものとして考えられました。ここまでの議論でも何度か名前を挙げているセルゲイ・エイゼンシュテインが、たとえばそういった趣旨の発言をしています。アニメーションは原初的でアナーキスティックな状態を描くことによって、解放感を与えるということです。

でもおそらく、初期のアニメーションが描く「壊れやすい身体」や「分断される身体」は、アニメーションの特質による非現実的な展開であると同時に、労働力として切り分けられる実際の人間の身体という話ともつながっているはずです。現実から逃れるものであると同時に、現実をどうしようもなく反映したものでした。

その後、ディズニーが達成したのは、第二次世界大戦以降に対応していくような世界観です。それは、集団化の夢といえるかもしれません。ディズニーは初期にはスラップスティック的な世界を描いていましたが、一九三七年に初の長編である『白雪姫』を作るにあたり、むしろ強い一貫性を持った世界を作るほうに方向を変えていきます。スクリーンに登場するのは紛れもない人間そのものである、と。具体的には、キャラクターの死によって観客が泣きうる、それだけの確固たるリアリティを持った世界観を作りました。目の前のキャラクターはしっかりと、間違いなく、下手《へた》したら現実の人間以上に存在している。

ディズニーは全世界を魅了していったわけですが、その「世界」には社会主義圏やヒトラーも含まれます。思想や政治的な対立を凌駕《りょうが》するほどに広くディズニーが受け入れられたのは、圧倒的なリアリティを持ちながら、理想が具現化された世界を描いたものだったからです。アニメーションには現実が持っているようなノイズが入りづらく、一方でディズニー以後、キャラクターにリアリティが生まれることで、アニメーションは、現実以上に現実らしく感じられつつも、現実からかけ離れた理想の社会を作り上げるメディアとして見出されます。

アニメーションは子どもに対する教育メディアとして重宝されましたから、社会主義教育を行ううえでも重視されます。アニメーションは、理想像を描ける。人はこういうふうにあるべきだ、ということを具現化する。それは資本主義圏でもあまり変わりません。

ディズニーは、資本主義圏において望ましいとされるロールモデルを提供していきます。ディズニーが世界的に人気を博すにつれて、ハチャメチャな世界を描くことに別れを告げ、道徳的な世界を描くようになっていくということを指摘する批評家たちもいました。現実から思いどおりにならない部分を捨象して、世界を再構築し、しかし表現としては現実的にしていくことで、これこそが本当の現実の姿だと伝えるような方向に舵《かじ》を切ったのです。

一方で、私が専門としている一九七〇年代以降の個人作家たちによるアニメーションは、集団的な夢としてのアニメーションというあり方から少し離れます。ディズニー以降の集団的な夢・理想を提供するアニメーションというのは、現実に対するアンチテーゼのようなものとして機能しつつ、しかし一方で、その理想像を共有するコミュニティを形成することにより、また別種の現実を作っていくところがある。

それに対し、一九七〇年代以降の個人作家たちは、むしろ、皆には共有しえない個人的な夢・ビジョンを描くようになります。私自身が専門とするユーリー・ノルシュテインというアニメーション作家は、「アニメーションは個人的な世界を描くメディア」だと考えます。絵であるからこそ、個のフィルターを通じて眺められた、ある種の歪《ゆが》みのある世界を描きうるのだと考えるのです。

そしてその流れが、制作のデジタル化以降におけるアニメーション・ドキュメンタリー隆盛の流れにつながっていく。たとえば記憶や内面といった共有が難しいものを記録しようとする時に、ドキュメンタリーの作り手がアニメーションに有用性を見出すようになっていくわけです。集団化された大きな物語のなかに回収しえないような、名もなき個人によってのリアリティにフォーカスするためのツールとして、アニメーションが発見されていきました。

これは、集団化された大きな物語の崩壊という話ともつながってきます。これらの作品が明らかにするのは、皆が同じビジョンを共有して生きているわけではなく、個人が別々の世界を生きているということです。それは、皆が信じうる物語の存在の有効性を無効にします。新海誠が現状肯定の物語を描きつづけるのも、そういった時代背景があるゆえのことでしょう。無条件に信じられる物語がないなかで、個人がいかに現実とつながりうるか、この世界に生きることにいかにして意味をもたせうるかを語ることこそ、いまの観客の生存に直結するからです。

フレームの外側が存在しないオカルトの世界

おそらく『天気の子』は、皆が信じられる物語が消滅した時代以降のリアリティに対応しています。少し前までの個人作家のアニメーション作品が、人とは共有しえないものとしての個人の夢を描いたとすれば、『天気の子』は、個人の見た夢が世界的に共有され、なおかつ世界のかたちを変えてしまうという話を語るからです。

『天気の子』が描く社会の構図は、実際に世界各地で起こっています。起業家によるアイデアが世界のかたちを変えてしまったり、事実をふまえない陰謀論的な世界の見方が共有されていったり。そういった状況に、『天気の子』は敏感に反応しているのではないでしょうか。『天気の子』が東京をジオラマのように描き出すことも、それとつながっているように思われます。カリスマ的な誰かが作り出す閉ざされた世界観をベースにコミュニティが作られ、皆が熱狂していくような。

アニメーションはそもそも閉じられた芸術形式です。描かれた世界以外は存在しません。実写映画であれば、カメラが切りとった以外にも世界は無限に広がっているので、フレーム外の世界のことを気にせざるをえません。もちろんセット撮影をしたり、近年であればブルーバックで撮影をして特殊効果やCGでその空白を埋めていくような、アニメーションに近い映画も増えているわけですが、アニメーションはその誕生から、フレームの外がない映画です。だからこそ、現実からの距離感を持った表現と相性がいいと考えられてきました。

かつての個人作家の描く世界や、アニメーション・ドキュメンタリーが描く世界は、『天気の子』が作り出すリアリティとはつながっているようでつながっていない。個人作家の作品が描く個人のリアリティや、パーソナルな記憶を探るアニメーション・ドキュメンタリーは、「これは私の体験でしかありません」という、根本的な部分では他者を寄せつけない前提があります。だからこそ、実写映画と同じように、ここで映されているのは限られたフレーム内での物語であり、その外にも世界は広がっているという意識がある。

新海誠の作品も、『君の名は。』までは、その「フレームの外に世界がある」という感覚を共有しています。『ほしのこえ』で言えば、恋人が銀河の彼方まで遠く離れてしまうことで、本当は近いはずなのに遠くて届かないものがあるという話になる。『君の名は。』はその遠く離れた――それこそ生と死を飛び越えて――ふたりが最終的に出会うというある種のハッピーエンドを迎えるわけですが、しかしその前提には、本来であれば届かない領域にいるふたりという構図がある。

一方で、『天気の子』には、「外」が存在しない。少なくとも、ほとんど意識されません。そういう意味で、本作はオカルト的な要素を含んでいます。新海誠作品にオカルトの存在がはっきりと顔を出すのは『君の名は。』です。三葉の高校の友人のテッシーは「ムー」の愛読者であり、糸守町の住民たちが結局のところ救われることになるのも、テッシーがオカルト的思考をインストールしていたからといってもいい。決して三葉ひとりでは、事をなしえなかったわけですから。

『天気の子』において、帆高は何も知らずに神津島から家出をしてくる。彼にとっては東京こそがすべてであり、そこで仕事を通じて見聞きするオカルトの話が、次第に彼の世界観を作っていく。帆高は結果として、すべてを自分の見知ったもので解釈し、ある種の陰謀論者的なキャラへと変貌していきます。世界のあらゆる事象を自説に引きつけていくわけです。

「勘違い」の物語

『天気の子』の陰謀論的な要素を観て思い出したのは、デイヴィッド・オライリーというCGアニメーション作家の『エクスターナル・ワールド』（二〇一〇年）という短編作品です（作家本人のホームページで観られますので、ぜひともご覧ください）。この作品に出てくる登場人物たちの多くは人間ではなく「キャラ」で、誰にも知性がないように思えます。誰もがみな、目の前の事象に素直に反応し、まったく批判的になることなく、ただただ自分自身の本能を受け入れていくのです。

そのなかに象徴的なキャラクターがいます。ある男が、タバコを吸おうとして、ライターをカチカチと鳴らす。すると、その瞬間、隣で偶然車が爆発するのです。その時、男が何を思うのかと言えば、自分のこのライターは、何かを爆発させるスイッチに違いないと勘違いをするのです。本当であればもちろんそんなわけはないのですが、本作の面白さは、この世界のなかでは、この男の勘違いが現実化されていくということです。

その後、男はスーパーで万引きをして、追いかけてきた警備員に対してライターをカチカチとする。すると、警備員の身体が爆発してしまう。本作はこのエピソードに象徴的に描かれるように、目の前に見えているものがすべてであると勘違いをしてしまう人々（そしてそれを促進してしまう社会）を描く、外面的な（エクスターナルな）理解に対して苦言を呈する作品なのです。

なぜこの作品を思い出したのかと言えば、『天気の子』の後半に、同様の爆発があるからです。帆高たちが警察から追われ、池袋の路上で捕まりそうになる時に、陽菜が帆高を助けるために天気を操って雷を落とし、トラックを爆発させるシーンです。その爆発で炎の方に駆け付ける警官たちの間隙を縫って、帆高たちは警察を振り切ることができる。このシーンを観てふと、本作は（『エクスターナル・ワールド』同様）「勘違い」をめぐる物語としても読めると気づきました。実はこの爆発は、偶然起こったものなのではないかと。

帆高は、勘違いの人間です。須賀の事務所に初めてやってきた時、須賀の姪《めい》である夏美

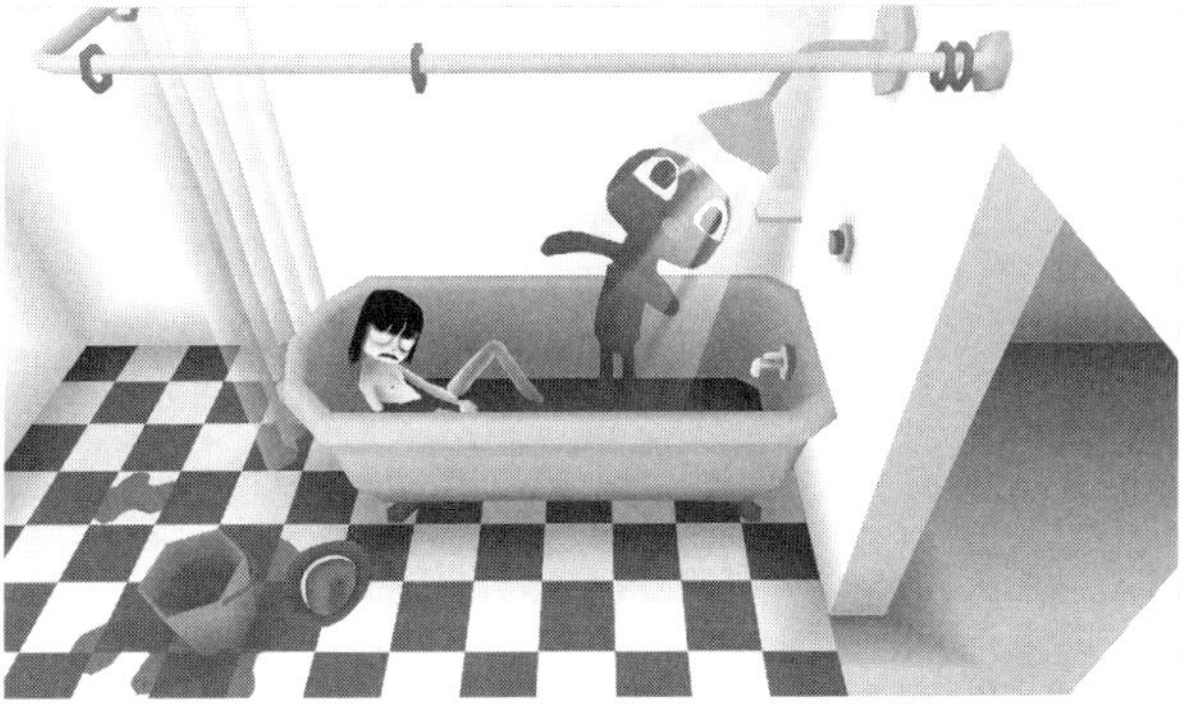

デイヴィッド・オライリー『エクスターナル・ワールド』（2010年）場面写真
提供：Yve YANG Gallery

を愛人だと勘違いする。東京に来ればなんとかなるというのも勘違いもしくは思い込みである。『天気の子』はしかし、この勘違いの人間としての帆高を、決して訂正しません。むしろ、陽菜との出会いを通じて、よりエスカレートさせていきます。その結果、自分たちが世界を変えてしまったとさえ思うようになる……そのような物語としても、本作は読めてしまうのです。

陽菜は晴れ女であり、それを活かした商売を帆高は始める。それもまた、果たして本当なのでしょうか。『君の名は。』の際にも指摘したように、新海誠は編集の人です。映像として私たちが観ている完成品の裏側には、無数のバッドエンドが見えてくるのが、その特徴です。そういった目で眺めてみれば、陽菜の商売について私たちが観たのは成功事例だけとも考えられます。実際にはそれと同じくらい失敗があり、しかし子どものやることだからと笑って許され、成功例だけが伝わって、花火大会の時の六本木ヒルズでの公開晴れ女にもつながっていく。そして、その大舞台は見事に成功するわけです。帆高と陽菜が「持ってる」のは確かです。『天気の子』公開時に長雨を引き当てた新海誠のように。

果たして、東京が雨によって沈んだのは、ふたりのせいなのでしょうか？　三年後にふたりが再会する時、陽菜は祈っていて、向こうには少し晴れ間が見えている（ひどい目にあったのに懲りないですね……）。でもそれは、陽菜が祈ったから晴れたのでしょうか、それとも晴れているから陽菜が祈ったのでしょうか？　晴れ女商売は、陽菜が祈ったから晴れたのでしょうか？　それとも、晴れる時に限って、商売をしたのでしょうか？　真実は、ふたりのあいだにしかありません。

『天気の子』は、帆高と陽菜、そして、それを取り巻く人たちが集団で共有した、陰謀論的に共有された夢なんじゃないか。少なくとも、そんなふうに読めてしまう映画なのではないか。本当に彼らが世界のかたちを変えたのかどうかは、なんとも言えない。そういう意味では、主人公たちの振る舞いが現実をしっかりと変えた『君の名は。』とは決定的に違います。

本章の議論をふまえると、新海誠が『天気の子』に関して言っていた、「議論を巻き起こす作品」「ポピュリズムの映画」ということも、また別の意味を帯びてきます。貧困のなかにいる少女がオカルトや陰謀論にハマる情報弱者の少年に扇動されるポピュリズムの時代を象徴する映画である、と言うこともできるわけです。そういう意味でも、本作は、そののちQアノンや人新世といった言葉が闊歩《かっぽ》するようになる二〇一九年の記録映画であるわけです。

デイヴィッド・オライリーの『エクスターナル・ワールド』が最終的に描くのは、誰もが目の前の出来事に従ってしまう時代かもしれないが、世界は実際にはそうではない、ということでした。見えている世界の外側にあるものを想像しさえすれば、皆が信じている世界のかたちは一気に変わるかもしれないということを暗に語るのです。本作における重要なモチーフはネコで、キャラクターたちが自分自身の状況に囚われてしまっているのを尻目に、ネコだけは、その狭い世界の外へと軽々と飛び越えていくのです。

一方、『天気の子』における新海誠は、基本的には世界は九九％以上の確率でこのまま変わらない、ということに賭けているように思われます。むしろ、世界が変わらないことを前提に、その変わらない世界で苦しむ可能性がある人たち（つまり私たちほとんど）に向けて、癒やしを提供する作品を作っているように思われます。

そのために新海誠が描くのは、奇跡の物語です。この点において、『君の名は。』と『天気の子』はしっかりと連なっている。『君の名は。』で、糸守町で人々が死なずにすんだのは、（同級生が「ムー」の愛読者だったことをはじめとして）さまざまな人々の性質や決断がピースとしてきっちりとかみ合った奇跡です。おそらくその背後には、無数のバッドエンドがあるはずだけれども、新海誠は、ありえる奇跡をこそ描く。

『天気の子』もまた同じく、奇跡の物語です。帆高も陽菜も、ふたりのあいだに共有できた物語が、世界の災害に根拠づけられ、その結果、ふたりは自分たちの物語を精一杯生きていくことができるようになる。たとえそれが偶然の連鎖で勘違いだったとしても、奇跡として捉える限りにおいて、生を後押しする力となる。それが本当かはわからないけれども、その偶然が個人の感情を高め、生きるための勇気を与えてくれるのであれば、根拠があろうがなかろうが、詐欺師だろうが新興宗教だろうが、関係ないわけです。オカルトのように、陰謀論のように、それに意味を錯覚できるのであれば。

そういう意味では、『新感染 ファイナル・エクスプレス』（二〇一六年）で韓国において国民的大ヒットを飛ばしたヨン・サンホ――彼もまた新海誠のように個人制作のアニメーション作家からキャリアをスタートし、実写分野ではありますがヒットメーカーとなった監督です――が、ダム建設のために沈むことになった田舎の村を新興宗教が蝕《むしば》む様子を描く長編アニメーション『我は神なり』（二〇一三年）を作っていたことを思い出します。

そのなかで、村人たちの洗脳を解こうと奮闘する主人公に対して、騙されて何が悪いということを語る人物が登場するのです。それが救いをもたらしてくれるならいいじゃないか、と。『天気の子』も同様に、いまの世界のかたちを受け入れるしかない私たちのリアルを過剰なまでに露悪的な表現で掬いとるのです。

『天気の子』＝ドラマ作家としての新海誠の完成

本章の前半でも述べたとおり、本作はアニメーションとして何か新しいものを達成しているわけではありません。同時代的なアニメ表現との共通性が見られるので、むしろ日本アニメの文脈のなかに、新海誠がしっかりと根を張ったといえる（もしくは、新海誠が作った新しい文脈に、日本アニメが融合した？）。本作もやはりクレジットの新海誠の名前は、監督、原作、脚本という始まりの部分と、編集という最後の部分に単独で記されている。そういう意味では、「巨大な個人制作」という性質はここでも変わってはいません。『君の名は。』を経て日本アニメの豊かな成果と蜜月を果たしたのち、やりたいことをやりたいようにやる完全なる成熟を得たのが、本作なのです。

註一：『天気の子』映画パンフレット、16ページ。

註11：Esther Leslie, *Hollywood Flatlands: Animation, Critical Theory and the Avant-Garde*, Verso Books, 2004.

あとがき

個人作家出身というその経歴ゆえに親近感を抱き、しかしその作品に対しては必ずしもすべてが好きというわけではなく、『君の名は。』『天気の子』といった近作については、「ものすごく素晴らしい」と思う時もあれば「果たしてそれでいいのだろうか？」と思ってしまうこともある新海誠という存在は、私にとって常に何か気になりつづける存在でした。

今回、誰もが知る新海誠作品を世界のアニメーション史の流れ・変化のなかから読み解くという本を書いていくなかで、なぜここまで新海作品が私の心を揺さぶるのか、なんとなくわかるようになりました。新海作品は「描いているものがあまりにも大きい」のです。そして、「断罪せず、受け入れる」からです。「アニメーションとはこういうものである」

ということはもちろん、「世界とはこういうものである」「人間とはこういう存在である」ということを、あるがままに提示して、（存分に心を揺さぶりながらも）そこから何を読み取るのかは観客へと任せてしまうという、その柔らかくファジーな物腰こそ、巨大すぎて摑むことのできないこの世界のあり方を受け止める土台なのだということを、改めて認識しました。

新海作品について考えることは、アニメーションがどのように変化していっているのかはもちろん、私たちの世界がいまどのようなものになっていて、そしてそこに生きる私たち自身がどんな存在であるかについて考えることにつながります。だからこそ、新海作品はこんなに読み込み甲斐があるのだとわかりました。

本書は、担当編集者の吉田隆之介さん、そして私と吉田さんのあいだを取り持ってくれたライターで国語教師の谷頭和希《たにがしらかずき》さんに対してプライベートなレクチャーを四回行い、それを元に書き下ろすというかたちで執筆しました。おふたりの「受講生」としての柔らかな物腰と、鋭い質問によって、アニメーションについての専門的な話にハマり込みすぎることなく、議論はより深く、広く展開されていきました。おふたりのご協力に心より感謝申し上げます。

また、書き下ろしていく段階で何度も行き詰まり、もう書き終えることなどできないのかもしれないと絶望する私を、あの手この手を使って後押ししてくれた妻の麻衣にも感謝します。この本が出版される頃にはこの世界に華々しく登場しているであろう初めての子どもにも、「誕生までに本が出るようにしなければ」という絶対的な締切として鎮座してくれたことに、お礼申し上げます。

私自身は、アニメーションの抽象的な性質（本書で言う「棒線画的」なところ）に惹かれて、現在のようなキャリアを歩んできました。それは、私たちの世界を考えるうえでも、抽象性は重要なキーワードであると考えているからでもあります。断罪しない新海作品は、アニメーションの抽象性（そして現代社会を考えるうえでの抽象性）がいかに重要かを示してくれる、最たる証拠です。

『君の名は。』以降、新海誠は、私たちの認識よりも少し先んじたり、もしくは忘れそうになっていることを思い出させたりしながら、「時代」を語っています。不透明で、個人の考えや行動では到底全体を理解することのできないこの現代の世界において、新海誠の「時代」の語り方は、その柔らかさと鋭さゆえに、私たちの思考（と身体）を刺激しつづけてくれます。

普段、あまり知られていないアニメーション作品を扱う私にとっては、本書の読者のみなさんがアニメーションの知られざる世界や歴史について何かしらの見通しや興味を持ってくれるようになったら嬉しいとも思っています。それに加えてもし、この時代を生きることの価値や難しさについて考えさせ、実感させてくれる新海誠の作品の魅力について、少しでもヒントになるようなことが言えていたとしたら、より嬉しいです。

本書が出版されて一カ月もしないうちに、新海誠の最新作『すずめの戸締まり』が公開されます。果たして、この作品は、どのような時代を語るのでしょうか？　私たちがいま生きていて、これから立ち向かわなければならない時代を、どのように感じとらせてくれるのでしょうか？　二〇二二年八月二四日には、公開に先立ち小説版が発売されました。

その内容は、個人的には驚くようなもので、しかし、『君の名は。』『天気の子』（そしてこれらの作品が引き起こした論争）への鮮やかな回答にもなっており、さらには「日本」という国についても考えさせる新たなレベルの「文芸作家」（第四章でも触れていますが）としての新海誠の誕生を予見させるものでした。新海誠は、これまでもこれからも、「私たち」の物語を、刺激的に語りつづけてくれそうです。アニメーション映画版を観ることが、今から待ちきれません。

二〇二二年九月七日

土居伸彰

図版作成／ＭＯＴＨＥＲ

土居伸彰（どい　のぶあき）

一九八一年東京生まれ。アニメーション研究・評論家、株式会社ニューディアー代表、ひろしまアニメーションシーズンプロデューサー。非商業・インディペンデント作家の研究を行うかたわら、作品の配給・制作、上映イベントなどを通じて、世界のアニメーション作品を紹介する活動に関わる。著書に『個人的なハーモニー　ノルシュテインと現代アニメーション論』『21世紀のアニメーションがわかる本』（フィルムアート社）など。

集英社新書一一三七F

新海誠《しんかいまこと》　**国民的**《こくみんてき》**アニメ作家**《さっか》**の誕生**《たんじょう》

二〇二二年一〇月二二日　第一刷発行

著者……土居伸彰《どいのぶあき》
発行者……樋口尚也
発行所……株式会社集英社
東京都千代田区一ツ橋二―五―一〇　郵便番号一〇一―八〇五〇
電話　〇三―三二三〇―六三九一（編集部）
〇三―三二三〇―六〇八〇（読者係）
〇三―三二三〇―六三九三（販売部）書店専用

装幀……原　研哉
印刷所……凸版印刷株式会社
製本所……加藤製本株式会社

定価はカバーに表示してあります。

ISBN 978-4-08-721237-2 C0290

a pilot of wisdom

体を使って心をおさめる　修験道入門　田中利典
百歳の力　篠田桃紅
ブッダをたずねて　仏教二五〇〇年の歴史　立川武蔵
イスラーム　生と死と聖戦　中田　考
「おっぱい」は好きなだけ吸うがいい　加島祥造
科学の危機　金森　修
科学者は戦争で何をしたか　益川敏英
悪の力　姜　尚中
生存教室　ディストピアを生き抜くために　内田　樹／光岡英稔
ルバイヤートの謎　ペルシア詩が誘う考古の世界　金子民雄
感情で釣られる人々　なぜ理性は負け続けるのか　堀内進之介
永六輔の伝言　僕が愛した「芸と反骨」　矢崎泰久・編
淡々と生きる　100歳プロゴルファーの人生哲学　内田　棟
若者よ、猛省しなさい　下重暁子
イスラーム入門　文明の共存を考えるための99の扉　中田　考
ダメなときほど「言葉」を磨こう　萩本欽一
ゾーンの入り方　室伏広治

人工知能時代を〈善く生きる〉技術　堀内進之介
究極の選択　桜井章一
母の教え　10年後の『悩む力』　姜　尚中
一神教と戦争　橋爪大三郎／中田　考
善く死ぬための身体論　内田　樹／成瀬雅春
世界が変わる「視点」の見つけ方　佐藤可士和
いま、なぜ魯迅か　佐高　信
人生にとって挫折とは何か　下重暁子
全体主義の克服　マルクス・ガブリエル／中島隆博
悲しみとともにどう生きるか　柳田邦男／若松英輔ほか
原子力の哲学　戸谷洋志
退屈とポスト・トゥルース　マーク・キングウェル／上岡伸雄・訳
「利他」とは何か　伊藤亜紗・編
はじめての動物倫理学　田上孝一
ポストコロナの生命哲学　福岡伸一／伊藤亜紗／藤原辰史
哲学で抵抗する　高桑和巳
いまを生きるカント倫理学　秋元康隆

a pilot of wisdom

荒木飛呂彦の漫画術	荒木飛呂彦
世阿弥の世界	増田正造
ヤマザキマリの 偏愛ルネサンス美術論	ヤマザキマリ
テロと文学 9・11後のアメリカと世界	上岡伸雄
漱石のことば	姜尚中
「建築」で日本を変える	伊東豊雄
子規と漱石 友情が育んだ写実の近代	小森陽一
安吾のことば 「正直に生き抜く」ためのヒント	藤沢周 編
いちまいの絵 生きているうちに見るべき名画	原田マハ
松本清張「隠蔽と暴露」の作家	高橋敏夫
私が愛した映画たち	吉永小百合 取材・構成 立花珠樹
タンゴと日本人	生明俊雄
源氏物語を反体制文学として読んでみる	三田誠広
堀田善衞を読む 世界を知り抜くための羅針盤	池澤夏樹ほか
三島由紀夫 ふたつの謎	大澤真幸
慶應義塾文学科教授 永井荷風	末延芳晴
レオナルド・ダ・ヴィンチ ミラノ宮廷のエンターテイナー	斎藤泰弘

モーツァルトは「アマデウス」ではない	石井宏
「井上ひさし」を読む 人生を肯定するまなざし	小森陽一 成田龍一 編著
百田尚樹をぜんぶ読む	杉田俊介 藤田直哉
北澤楽天と岡本一平 日本漫画の二人の祖	竹内一郎
音楽が聴けなくなる日	宮台真司 永田夏来 かがりはるき
谷崎潤一郎 性慾と文学	千葉俊二
英米文学者と読む「約束のネバーランド」	戸田慧
苦海・浄土・日本 石牟礼道子 もだえ神の精神	田中優子
万葉百歌 こころの旅	松本章男
拡張するキュレーション 価値を生み出す技術	暮沢剛巳
最後の文人 石川淳の世界	田中優子 小林ふみ子ほか
職業としてのシネマ	髙野てるみ
演劇入門 生きることは演じること	鴻上尚史
ドストエフスキー 黒い言葉	亀山郁夫
完全解説ウルトラマン不滅の10大決戦	古谷敏 やくみつる 佐々木徹
文豪と俳句	岸本尚毅
ＥＰＩＣソニーとその時代	スージー鈴木

a pilot of wisdom

ヴィジュアル版――V

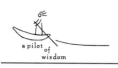

a pilot of wisdom

集英社新書 好評既刊

アフガニスタンの教訓 挑戦される国際秩序
山本忠通／内藤正典 1124-A
元国連事務総長特別代表と中東学者が、タリバンが復権したアフガン情勢の深層、日本の外交姿勢を語る。

不登校でも学べる 学校に行きたくないと言えたとき
おおたとしまさ 1125-E
近年勃興する不登校の子ども向けの「学校」を徹底取材。自分に合った学習スタイルを見つけるための必読書！

差別は思いやりでは解決しない ジェンダーやLGBTQから考える
神谷悠一 1126-B
なぜ差別は「思いやり」の問題となり、議論が進まないのか？ その構造を理解し、制度について考察する。

「推し」の科学 プロジェクション・サイエンスとは何か
久保（川合）南海子 1127-G
「推す」という行為は認知科学の最新概念「プロジェクション」で説明できる。人間ならではの知性を紐解く。

原発再稼働 葬られた過酷事故の教訓
日野行介 1128-A
福島第一原発事故から一〇年超。ハリボテの安全規制と避難計画を看板に進む原発再稼働の実態を告発する。

北朝鮮とイラン
福原裕二／吉村慎太郎 1129-A
「悪の枢軸」と名指された北朝鮮とイラン。両国の「素顔」を知悉する専門家がその内在的な論理に肉迫する。

歴史から学ぶ 相続の考え方
神山敏夫 1130-A
〝争族〟にまで発展する「相続」とはそもそも何か。歴史やエピソードを引きながら、様々な側面を通覧。

ヤング中高年 人生100年時代のメンタルヘルス
竹中晃二 1131-I
五〇～六〇代の〝ヤング中高年〟がポジティブに生きる秘訣を、メンタルヘルス予防研究の第一人者が紹介。

非戦の安全保障論 ウクライナ戦争以後の日本の戦略
柳澤協二／伊勢﨑賢治／加藤 朗／林 吉永
自衛隊を活かす会 編 1132-A
ロシアのウクライナ侵攻が突きつけた国際秩序の問題を通じ、日本が目ざすべき安全保障の在り方を提示。

ファスト教養 10分で答えが欲しい人たち
レジー 1133-B
ビジネスパーソンの間で広がる新しい教養＝ファスト教養を分析し、日本の息苦しさの正体を明らかにする。

既刊情報の詳細は集英社新書のホームページへ
https://shinsho.shueisha.co.jp/

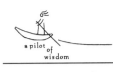